数据新闻实务

许　珍　赖永强◎主编

四川大学出版社
SICHUAN UNIVERSITY PRESS

图书在版编目（CIP）数据

数据新闻实务 / 许珍，赖永强主编 . 一 成都：四川大学出版社，2023.1
ISBN 978-7-5690-5682-2

Ⅰ．①数… Ⅱ．①许… ②赖… Ⅲ．①数据处理一应用一新闻学一高等职业教育一教材 Ⅳ．① G210.7

中国版本图书馆 CIP 数据核字（2022）第 180139 号

书　　名：数据新闻实务
　　　　　Shuju Xinwen Shiwu
主　　编：许　珍　赖永强

- -

选题策划：曹雪敏
责任编辑：宋彦博
责任校对：林　茂
装帧设计：墨创文化
责任印制：王　炜

- -

出版发行：四川大学出版社有限责任公司
　　　　　地址：成都市一环路南一段 24 号（610065）
　　　　　电话：（028）85408311（发行部）、85400276（总编室）
　　　　　电子邮箱：scupress@vip.163.com
　　　　　网址：https://press.scu.edu.cn
印前制作：四川胜翔数码印务设计有限公司
印刷装订：四川五洲彩印有限责任公司

- -

成品尺寸：170 mm×240 mm
印　　张：10.75
字　　数：192 千字

- -

版　　次：2023 年 1 月 第 1 版
印　　次：2023 年 1 月 第 1 次印刷
定　　价：38.00 元

- -

扫码查看数字版

四川大学出版社
微信公众号

本书编委会

主　　　编：许　珍　赖永强

副 主 编：唐　颖　黄　妍　高　敬

编委会成员：王国硕　熊　江　母　华　蔡日祥
　　　　　　黄爱林　朱炜琳　吕紫倩　李　然

序言
数据与洞见

我们每个人原本都对数据有着本能的敏感。不过,当我们被海量数据包围时,我们往往对数据表现得麻木。这是因为,就数据本身而言,它往往是冰冷的!

在传统传播时代,受制于理念、技术等因素,传播者把自认为很重要的数据全部"灌输"给受众之后,受众不但没有记住这些数据,反而会产生诸多疑惑,导致其传播效果大打折扣。

随着互联网、大数据、云计算等技术的迅猛发展,我们迎来了一个新传播时代。在新传播时代,过去的"受众"变身为如今的"用户",并因为有了更多选择,而变得更加挑剔。同时,用户还可以自己生产和传播信息。也正因为如此,令人眼花缭乱的数据越来越多。不过,在新技术的帮助下,我们可以对历史数据和即时数据进行高效处理。例如,我们可以通过数据的搜集、清理、挖掘、分析,找到数据与数据之间、数据与事实之间、数据与人之间的关联,从而得出很多意想不到的"新发现"。由此就诞生了一种新的新闻报道方式——数据新闻。

由于技术在数据新闻中占据着重要地位,最早提出这一概念的是《华盛顿邮报》的软件工程师阿德里安·哈罗瓦提。哈罗瓦提于2006年提出"数据新闻"这一概念时认为,媒体应善于利用计算机来处理原始数据,为社会公众提供更重要、更有参考价值的报道,以帮助公众更容易、更深刻地理解身边的世界。在层出不穷的新技术支撑下,传播界对数据新闻进行了不断探索,使之成为新闻报道的"时髦",并深刻影响着全球的新闻传播格局。

"四川在线"作为四川日报报业集团全媒体中心旗下的一家主流新闻网站,较早地赶上了这个"时髦",于2018年1月组建起一个数据新闻生产的虚拟团队——"MORE大数据工作室"。该工作室依托四川日报全媒体集群强大的资源和能力优势,逐步尝试用数据新闻的报道方式,通过归纳统计能力与可视化呈现能力的塑造,实现"用数据说话",并帮助用户洞察数据背后的事实与逻辑。"MORE大数据工作室"以一种新颖的呈现方式传播正能量,立志打造"大数据决策媒体智库",实现"决策影响,影响决策"的终极传播目标。2020年"MORE大数据工作室"联合多位专家推出了数据新闻《2020四川重点产业园竞争力指数》,产生了很大影响。该数据新闻通过采集四川省128家产业园区300多万条多维度的数据,运用科学的评价指标体系,精准把握产业园区的发展现状和特点,找到了边缘园区的潜在价值。

数据新闻有了业界的广泛探索,自然吸引了学界的广泛关注,业界和学界的良性互动又进一步促进了数据新闻的发展。四川文化产业职业学院敏锐地捕捉到了"MORE大数据工作室"的作品价值,主动提出对一些产生过"爆款"传播效应的数据新闻作品结集出版的想法。"MORE大数据工作室"对数据新闻的探索,在国内主流媒体中起步较早,在每一件作品的生产过程中,的确有一些值得分享的得与失。于是,双方团队一拍即合,决定出版这本《数据新闻实务》。与其他同类著作不同的是,这是一本实操性比较突出的书,全书以剖析鲜活的数据新闻案例为主,相信能够给读者以启发,并帮助新闻工作者完成具体的数据新闻生产实践。

数据新闻发展到今天,还有以下三个问题有待我们去思考和回答:

问题一:怎样才能获取足够全的数据?数据是数据新闻的基础。虽然网络爬虫等技术能够帮助我们获取所需要的某个主题的数据,但公开的数据并不一定是全部的数据。另外,如果"脏数据"太多、数据太陈旧,也会影响数据新闻的质量。如果数据不全、数据质量不高,则必然会使我们的"洞见"形成一定的偏差。这是需要我们在实践中去破解的一道难题。

问题二:怎样才能满足用户真正的需求?数据新闻有一个明显的特点就是可视化呈现。技术的演进给数据新闻生产者制造了很多"诱惑",使数据新闻的生产呈现出重视技术利用，忽视新闻内容本身的倾向。因此，我们需要全力对抗这一趋势，力保生产的每一件数据新闻作品正好是目标用户所需要的，能够实实在在地帮助用户发现、理解、洞见一些本质的东西。

问题三：怎样才能提升作品的用户体验？在这个信息爆炸的时代，用户对数据新闻的质量要求越来越高，特别是用户体验直接决定了用户的分享动力。我们在数据新闻生产过程中，应该牢固树立起用户意识，将技术运用得恰到好处，特别是要巧妙设置互动环节，让用户更乐意参与并乐意分享，从而引爆数据新闻作品的传播。

可以预见，随着技术的发展，以及政府部门、商业机构等对数据的进一步开放，数据的价值将会进一步彰显，数据新闻这一新闻报道形式将会变得更加普遍，从而为更多用户提供更有益的专业化服务和决策参考。不过需要特别指出的是，我们要防止数据新闻沦为一种形式，要看到数据新闻自身存在的一些局限，要让数据新闻这一报道方式适配其题材。

要而言之，生产数据新闻应从恰当的角度切入，以恰当的方式呈现，让我们报道新闻更有"数"。

四川在线总编辑　赖永强

目录

第一讲

认识数据新闻

以"大数据"为代表的新信息技术革命对新闻传播行业产生了深远影响，海量数据以及人们对信息传递与交互速度的需求，使得由数据驱动的深度报道成为当下新闻报道的必然发展趋势。"数据新闻"作为新闻报道中的一种新形态，其精确和可视化特性弥补了传统新闻叙事模式的缺陷。数据新闻的快速发展，对新闻报道的生产、传播流程以及新闻记者的角色分工都提出了新的要求。本讲内容将介绍数据新闻的概念、特点、意义、发展趋势、制作流程等相关基础知识。

第一节

数据新闻是什么

数据新闻这一概念由美国《华盛顿邮报》软件工程师、EveryBlock 新闻网站创始人阿德里安·哈罗瓦提（Adrian Holovaty）于 2006 年首先提出。但作为一种实践性很强的新兴新闻形式，2010 年 10 月英国《卫报》利用维基解密网站的数据做的一篇新闻报道，才是数据新闻引起学界和业界关注的真正引爆点。

一、基本概念

（一）数据

1. 数据不只是数字

何谓数据？要理解数据的内涵，可以从"数据新闻"一词的来源入手。在我国，"数据新闻"一词是由"data journalism"翻译而来。从词源上考察，英语中的"data"和汉语中的"数据"并不完全等同。汉语中的"数据"是指进行各种统计、计算、科学研究或技术设计等所依据的数值。英语中的"data"的内涵非常丰富，泛指各种数据、资料。

在计算机领域，"数据"是指对客观事件进行记录并可以鉴别的符号，是对客观事物的性质、状态以及相互关系等进行记载的物理符号或这些物理符号的组合。数据的格式往往和计算机的格式有关，它是可识别的、抽象的符号。它可以是数字，也可以是具有一定意义的文字、数字、符号的组合，如图形、图像、视频和音频等，还可以是客观事物的属性、数量、位置及其相互关系的抽象表示。例如，"0、1、2……""阴、雨、下降、气温""学生的档案记录、货物的运输情况"等都是数据。因此，在计算机领域，数据这一概念包括两层含义：数据的内容是信息，数据的表现方式是符号。

数据是信息的表现形式和载体，可以是符号、文字、数字、语音、图像、视频等；信息是数据的内涵，是加载于数据之上的对数据的解释。数据和信息是不可分割的，信息依赖数据来表达，数据则生动具体地表达出信息。数据是符号，是物理性的；信息是对数据进行加工处理之后所得到的并对决策产生影响的数据，是逻辑性和观念性的。数据本身没有意义，只有在对实体行为产生影响时才成为信息。

可以肯定，数据之美源于其不只是数字，更是主体对客观世界的描绘，是记录客观世界的基本信息单位。数据是对现实生活的一种映射，其中隐藏着许多故事，在那一组组数字背后存在着实际的意义、真相和美学。

2. 数据的类型与格式

在计算机技术不断发展的今天，大众耳熟能详的大数据时代是以数据社会的形成为基础的。涂子沛在《数据之巅》一书中指出：人类知识的唯一来源，是对过去经验的记录和整理，而数据正是这种记录的载体，因此数据的价值首先在于它是知识的来源。如果说传统的数据是人类部分知识的来源，那随着人类记录范围的不断扩大，现代意义上的大数据将逐渐成为人类全部知识的来源。信息数字化提升了信息的记录、存储、提取、传输效率。将许多复杂多变的信息转变为可以度量的数字、数据，再以这些数字、数据建立起适当的数字化模型，把它们转变为一系列二进制代码，输入计算机内部，进行统一处理，这就是信息数字化的基本过程。

大数据来源广泛、体量巨大，具有多样性和混杂性，其"脏乱差"现象难以避免。在数据新闻的生产过程中，数据被歪曲、被误读的情况时有发生。因此，在数据新闻的生产过程中需要理解和掌握不同来源、不同形态或不同结构的数据，以便更好地获取、清理、挖掘和应用数据。在数据获取阶段，需要对数据进行识别，只有知道了理想数据长什么样，才可以开始搜索、采集。在数据清理过程中，需要根据数据类型采取适合的数据清理方法。在数据挖掘阶段，则必须理解每个组件适合处理什么结构的数据。因此，在数据新闻的生产过程中，理解和掌握数据是分辨和利用数据的前提。

（1）数据新闻中的数据类型

身处"大智移云"（即大数据、智能化、移动互联网、云计算）时代，基于大数据"4V"［即规模性（Volume）、多样性（Variety）、价值性（Value）、高速性（Velocity）］理论，我们没有办法从量级上做到对数据"胸有成竹"，但从类型上还是可以对其区分一二的。数据分类就是把具有某种共同特征的数据归并在一起，通过类型特征来与其他数据相区别。数据类型的多样性主要是相对于传统的数字型数据而言的。侧重点不同，数据的分类方式也不同。下面介绍几种最常用的分类方法。

①按数据结构划分：结构化数据、半结构化数据、非结构化数据。

结构化数据是指存储在数据库当中，有统一结构和格式的数据。与之相对应的非结构化数据是指无法用数字或统一的结构来表示的数据。介于两者之间的是半结构化数据。结构化数据一般包括来自政府机构、大数据企业的公开数据库的数据，以及大型互联网公司或大中型企业等发布的多种统计数据、报表等。非结构化数据则包括互联网上存储的文本、文档、视频、音频、图片、动画等。表1.1.1所示为以上三类数据的对比情况。

表 1.1.1　结构化数据、半结构化数据、非结构化数据对比

类型	描述	特点	举例
结构化数据	用关系数据库方式记录的数据，按表和字段进行存储，字段之间相互独立	数据存储和排列很有规律	Excel 二维表
半结构化数据	以自描述的文本方式记录的数据，数据的结构和内容混在一起，未做明显区分	非模型化，无规则性结构，先有数据后有模式，使用较方便	XML 文档 HTML 文档 SGML 文档
非结构化数据	按照特定应用格式进行编码，不方便用数据库二维逻辑表来表现的数据，且不能简单地转换成结构化数据	模式具有多样性，数据量非常大	所有文档、文本、图形、图像、音频、视频和动画等

②按字段类型划分：文本类（string、char、text 等），数值类（int、float、number 等），时间类（date、timestamp 等）等。

文本类数据常用于描述性字段，如姓名、地址等。这类数据不是量化值，不能直接用于四则运算。在使用时，可先对这类数据进行标准化处理，再进行字符匹配，也可直接进行模糊匹配。

数值类数据用于描述量化属性，或用于编码，由数字、小数点、正负号和表示幂的字母 E 组成。例如，交易金额、商品数量、评分等都属于量化属性，可直接用于四则运算，是日常计算指标的核心。其他类型的数值则需用

特殊方法来处理，如学号、身份证号、卡号等属于编码，是对多个枚举值所做的有规则的编码。

时间类数据仅用于描述事件发生的时间，是一个非常重要的数据类型。例如，TIME（20，0，0）等价于8:00:00 PM，其中PM代表下午，上午则用AM代表。

③按数据的来源划分：原始数据、间接数据。

原始数据是通过直接调查获得的，是可以直接得到的数据，是来自系统的、没有做过任何加工的数据，也称为第一手或直接的统计数据。另一种数据是以一定的方式对别人调查的数据进行加工和汇总后产生的，通常被称为第二手或间接的统计数据。在获取数据的时候，原始数据和间接数据的来源是不一样的，所以需要我们从不同的地方收集。

（2）数据新闻中的数据（文件）格式

数据格式（data format）是数据保存在文件或记录中的编排格式。因为采用了不同的编码方式，所以数据会以多种文件格式存储。在众多文件格式中，CSV为带分隔符的文本格式（Comma-Separated Values），JSON为JavaScript对象表示法（JavaScript Object Notation），XML为可扩展标记语言（eXtensible Markup Language），XLS为电子表格（Spreadsheet）。这四种格式基本上能满足数据新闻制作的需求。表1.1.2所示为以上四种数据格式的对比情况。

表1.1.2　CSV、JSON、XML、XLS 四种格式对比

数据格式	描述	打开方式
CSV	以纯文本形式存储表格数据（数字和文本），是一种通用的、相对简单的文件格式，应用广泛	doc 文档用微软的 Word 软件打开，WPS 文档用金山办公软件股份有限公司的 WPS 软件打开，txt 纯文本文档用记事本、写字板、Word 等软件打开
JSON	是存储和交换文本信息的语法，是轻量级的文本数据交换格式，以文字为基础，具有自我描述性，更易理解	用 PDF 阅读器打开
XML	是一种用于标记电子文件，使其具有结构性的语言，可以用来标记数据、定义数据类型。它是一种允许用户对自己的标记语言进行定义的源语言，是当今处理分布式结构信息的有效工具	HTM 网页文件用浏览器、微软的 FrontPage 打开
XLS	就是 Microsoft Excel 工作表，是一种非常常用的格式	Excel 电子表格用微软的 Excel 软件打开

每一种数据格式通常会有一种或多种扩展名，也可能没有扩展名。扩展名的作用主要是帮助应用程序识别数据。常见的数据格式包括：exe（可执行文件）、txt（文本文件）、jpg（图像文件）、mp3（音频文件）、mp4（视频文件）、zip（压缩文件）等。常见的数据格式及其打开方式如表1.1.3所示。

表1.1.3 常见的数据格式及其打开方式

数据格式		扩展名	描述	打开方式
文本文件		.txt	纯文本文件	所有文字处理软件，如记事本、写字板
		.doc	用于 Word 图文排版的文件格式	Word 及 WPS 等软件
		.wps	金山软件 WPS 的专用文件格式	WPS 软件
		.pdf	PDF 文件以图像模型为基础，无论在哪种打印机上都可保证准确的打印效果，即 PDF 会忠实地再现原稿的每一个字符、图像以及颜色	Adobe Acrobat Reader 和各种电子阅读软件
图形图像文件	位图文件	.jpg/.jpeg	仅用于存储静态图像	PhotoShop、Fireworks、ACDsee、Windows 画图工具等
		.gif	既可以存储静态图像，也可以存储简单动态图，不支持半透明效果	
		.bmp	Windows 采用的图像文件存储格式，未进行任何压缩，占用空间最大，但图像资料完备	
		.png	支持半透明效果	
	矢量图	.bw	一种包含各种像素信息的黑白图形	Adobe Illustrator、CorelDRAW、Flash MX 等
		.ai	Adobe Illustrator 软件中的一种图形文件保存格式	
		.cdr	CorelDRAW 软件中的一种图形文件保存格式	
		.wmf	Windows 中一种常见的图元文件格式，具有文件短小的特点，整个图形常由各个独立的组成部分拼接而成。其图形往往较粗糙，并且只能在微软的 Office 套件中调用编辑	

续表1.1.3

数据格式	扩展名	描述	打开方式
动画文件	.swf	二维动画软件 Flash 中的矢量动画格式，主要用于 Web 页面上的动画发布	Flash Player
音频文件	.wav	微软开发的高质量声音文件格式，几乎能被所有音频编辑软件读取	Goldwave、Cool Edit、SoundForge、WaveEdit、Winamp、RealOne、Real player、Media Player 等
	.mp3	压缩率大，流行度广，音质略低，多用于网络下载	
	.midi	数字音乐、合成乐器的国际统一标准，是目前最成熟的音乐数据格式	
	.RA(RealAudio) .RM(RealMedia RealAudio G2) .RMX(RealAudio Secured)	常用的声音文件格式，文件压缩率高，可以随网络带宽的不同而改变声音质量。适合在网络传输速度较低的情况下使用	
视频文件	.avi	把视频和音频编码混合在一起储存，限制比较多，只能有一个视频轨道和一个音频轨道	微软视频软件等
	.mpg/.mpeg	运动图像压缩算法的国际标准	
	.mov/.m4v	由苹果公司开发的一种音频、视频文件格式	
	.rm/.rmvb	该格式带有一定的交互功能，允许编写脚本以控制播放，体积小	
	.mp4	一个十分开放的视频文件格式，几乎可以用来描述所有的媒体结构	
压缩文件	.zip	最常见的压缩文件格式。Windows 系统集成了对 zip 压缩格式的支持	WinZip
	.rar	WinRAR 压缩文件的文件格式，压缩率比 zip 格式更高	WinRAR
Excel 电子表格文件	.xls	可以输入、输出、显示数据，可用于制作各种复杂的表格并进行烦琐的数据计算，极大地增强了数据的可视性	Excel
网页格式文件	.htm	超文本标记语言下的一个应用，WWW 的描述语言	网页浏览器、微软的 FrontPage

（3）数据对象、数据集、属性

在进行数据挖掘的过程中，一定会涉及数据对象、数据集（datasets）、属性（attribute）这三个重要的概念。数据对象又称样本、实例、数据点或对象。数据集通常是由数据构成的一个矩形数组。数据集由数据对象组成，是一组数据的集合，一个数据对象代表一个实体。不同的专业对数据集的行和列的叫法不同。表 1.1.4 所示为部分专业对数据集的行和列的叫法。

表 1.1.4　部分专业对数据集的行和列的叫法

专业	行	列
统计学	观测（observation）	变量（variable）
数据库分析	记录（record）	字段（field）
数据挖掘/机器学习	示例（example）	属性（attribute）

数据对象是用属性来描述的。属性是一个数据字段，表示数据对象的一个性质或特征，它因对象而异并随时间而变化。比如，头发的颜色是一种符号属性，具有少量可能的值，如黑色、棕色、黄色、白色等；而温度是数值属性，能够取无穷多个值。在文字表达上，属性、维度（dimension）、特征（feature）这些称谓是可以互换使用的。

属性的类型由该属性可能具有的值的集合决定。实践中通常将属性的类型称作测量标度的类型。需要注意的是，用来代表属性的值可能具有与属性本身不同的性质，反之亦然。例如，学生的年龄和学号这两个属性都能用整数表示，但谈论学生的平均年龄是有意义的，谈论学生的"平均学号"则毫无意义。学号这一属性所表达的唯一性使学生们互不相同，因而，对学生学号的唯一合法操作就是判定它们是否相等（重复）。但在使用整数表示学生学号时，并没暗示有此限制。

对于年龄这一属性而言，用来表示年龄的整数的性质与该属性的性质大同小异。虽然如此，仍然有不一致的情况，如年龄有最大值，而整数没有。

属性的类型告诉我们属性的哪些性质反映在用于测量它的值中。当我们知道测量值的哪些性质与属性的基本性质一致时，就能够避免计算学生学号的平均值这类无谓操作。

属性有不同类型：标称属性（nominal attribute）、二元属性（binary attribute）、序数属性（ordinal attribute）、数值属性（numerical attribute）、离散属性（discrete attribute）与连续属性（continuous attribute）等。侧重

点不一样，属性类型的划分也有所不同，具体如表 1.1.5 所示。

表 1.1.5 属性类型的划分

属性类型		特点（描述）	举例
分类型〔定性的，它们描述的对象不具有数的大部分性质。即便使用数（整数）表示，也应当像对待符号（特征）一样不给出实际大小或数值〕	标称	该属性的值是一些符号或事物的名称。每个值代表某种类别、编码、状态，提供足够的信息用来区分对象。它可以是符号或数，不具有有意义的序，而且不是定量的。 描述：≠、＝	表示对象的特征：性别、年龄、职业、婚姻状况、家庭收入
	序数	属性对应的可能的值之间具有有意义的序或秩评定（对应的值有先后次序），但是相继值之间的差是未知的。可以将数据的值域划分成有限个有序类别，也可以用众数和中位数表示序数属性的中性趋势，但不能定义均值。 描述：＜、＞	教师有助教、讲师、副教授、教授；学生有小学生、中学生、大学生；成绩有优、良、及格（中）、不及格（差）等
数值型（定量的，用整数值或连续值表示，而且具有数的大部分性质）	区间	该属性的值有顺序关系和距离关系。可以为正、0、负（值的秩评定）；允许比较与定量评估值之间的差；中心趋势可用中位数和众数度量；可以计算均值。 描述：＋、－	温度的一般表示：10℃～15℃。收入的一般表示：2000元～3000元
	比率	具有固有零点的数值属性（该种属性中会有固有的为 0 的值），如果度量是比率标度的，则可以说一个值是另一个值的若干倍（或比率）。对于比率变量，差和比率都是具有意义的。此外，这些值是有序的，因此我们可以计算值之间的差，也能计算均值、中位数和众数。 描述：×、/	年龄、重量、高度、速度、货币量

二元属性是一种标称属性，只有两个状态——0 或 1，其中 0 通常表示该属性不出现，1 表示出现。二元属性又称布尔属性。表 1.1.6 为对称的二元属性与非对称的二元属性的比较。

表 1.1.6　对称的二元属性与非对称的二元属性的比较

属性类型	特点（描述）
对称的二元属性	如果两种状态具有同等价值，并且携带相同权重，如表示性别，用 0 或 1 分别表示男性或女性均可
非对称的二元属性	两种状态的结果不是同等重要的，即状态的权重不相同。如在某种传染病感染率研究中有感染者和非感染者，感染者为 0，非感染者为 1。由于大部分感染者都为 0，因此这时关注非 0 值将更有意义、更有效

当然，实践中还可以用其他方法来描述属性类型。例如，机器学习领域的分类算法常把属性分为离散的和连续的，是用值的个数来描述属性类型。表 1.1.7 为离散属性和连续属性的比较。

表 1.1.7　离散属性和连续属性的比较

属性类型	特点（描述）	举例
离散属性	具有有限或无限可数个值，用或不用整数表示均可。这种属性是能够分类的。如果一个属性可能的值的集合是无限的，那么可以建立与自然数一一对应的值，如学生成绩属性：优（90～100）、良（76～89）、中（61～75）、差（60 以下）。也能够是数值类型的，如计数。离散属性通常用整数变量表示	ID 号、身份证号、邮政编码
连续属性	如果属性不是离散的，便是连续的，是取值为实数的属性。实践中，实数值是用有限位数的数字表示。连续属性一般用浮点变量表示，即后缀为"f"或"F"。"数值属性"和"连续属性"可以互换使用	温度、高度或重量等

通常情况下，标称属性和序数属性是二元的或离散的，而区间属性和比率属性是连续的。然而，计数属性既是离散的，也是连续的。

（二）数据新闻

1. 数据新闻的定义

数据新闻的形成与新闻报道有着紧密的关系。数据新闻又被叫作"数据驱动新闻"。中国人民大学的方洁、颜冬指出："数据新闻代表着一种新闻发展的形态，其内涵和外延比计算机辅助新闻报道更加广阔。"[①] 数据新闻是一种基于数据的抓取、挖掘、统计、分析和可视化呈现的新型新闻报道方式。从业态演变过程来看，数据新闻就是将一些传统新闻中具有数据特质的内容进行抽离并结构化，然后用一种有视觉冲击力的叙事形式来呈现，以提升新闻的价值。数据新闻把新闻性、叙事性、结构化相结合，从而创造了新的可能，成为当下传媒行业一种不可或缺的新闻报道方式和传播形态。这种新闻报道方式主要包括三个环节：对原始数据的收集；对数据的分析和过滤；将数据可视化，形成具体的新闻报道。

数据可以是数据新闻的来源，也可以是讲述新闻故事的工具，还可以两者兼具。因此，在理解数据新闻这个概念时，需要避免一个误区：将数据新闻等同于"数据＋新闻"。

数据新闻把传统新闻的敏感性和有说服力的叙事能力与海量的数据信息相结合，从而创造了新的可能。数据新闻可视化，即通过计算机、数字图像处理等技术将美学、视觉元素融入新闻业，不仅能够直观地呈现庞大数据背后的联系与故事，而且能够在视觉上给人美感。

提到大数据的大，一般认为其指的是数据规模的海量。即随着人类在数据记录、获取及传输方面的技术革命不断升级，数据的获得变得更加便捷、成本更低，这便使原本以高成本方式获得的描述人类态度或行为的有限的小数据包已然变成了一个海量规模的数据包。这其实是一种不得要领、似是而非的认识。其实，前大数据时代也有海量的数据包，但由于其维度的单一，以及和人或社会有机活动状态的剥离，其分析和认识真相的价值极为有限。大数据的真正价值不在于它的大，而在于它的全。它的全体现为空间维度上的多角度、多层次信息的交叉复现，以及时间维度上的与人或社会有机活动相关联的信息的持续呈现。因此，大数据分析的价值和意义就在于透过分析多维度、多层次的数据，以及与时态的关联数据，找到问题的症结，直抵事实的真相。

《数据新闻手册》（*The Data Journalism Handbook*）是全球第一部探讨数据新闻业务的电子书，在欧洲新闻中心和开放知识基金会共同主持下，由诸多国外数据新闻专家于 2011 年合作编写而成。它不仅解答了数据新闻的含

---

① 方洁，颜冬. 全球视野下的"数据新闻"：理念与实践 [J]. 国际新闻界，2013，35（6）：73—83.

义、价值，而且讲述了国际各大主流媒体数据新闻的实践案例，也详细地讲述了如何获取数据、理解数据、展现数据以及用到的各种工具，是第一本有关数据新闻的系统著作。

2. 数据新闻的特点

从新闻的发展历程来看，新闻产业总是伴随着媒介的变化而不断发展的。作为在大数据时代应运而生的新闻表达方式，数据新闻将传统的新闻敏感性、有说服力的叙事能力与海量的数据信息相结合，改变了传统的新闻生产模式和运作体系，给传媒业注入了新的活力。数据新闻的特点是什么呢？西安交通大学的陈积银在接受中国社会科学网记者采访时表示：当下数据新闻的发展，选题范围越来越广泛，技术支撑越来越多样，软件服务越来越"傻瓜化"，学科知识越来越交叉，交互性越来越强，表现形式越来越丰富，传播的平台越来越重视移动端的呈现，用户或者受众的口味越来越挑剔，传播的范围越来越广。[①]

（1）丰富内容生产，以数据为核心驱动力，提供更公正的视角

数据新闻从根本上改变了新闻生产的思路与流程，使新闻生产的驱动机制由"事实"拓展到"数据"。我们当前的新闻一般都是描述性报道，往往只报道了事件发生的经过，数据新闻则可以挖掘与主题相关的更深层的内容。数据新闻的独特魅力在于其所能产生的预见性价值，即发现隐藏于现实中的未来。数据新闻通过对现有数据资源的整合、分析，重构历史数据，连接当下的事实主体，对事件未来可能的走向提出意见，并指出解决问题的方法，进而把握未来的信息走向。虽然数据本身并不具备多大的新闻价值，但记者可以从数据中抽丝剥茧，发现其中的意义，发掘新闻的深层含义或新鲜价值。

客观性一直是新闻业的基本准则之一。传统新闻生产着力于新闻价值剖面选择，有时不免导致新闻侧重报道事件的表象和片段，从而影响新闻的客观性。数据新闻则不同，它依托于庞大的数据分析，用数据说话，这样能揭示更大范围的事件或更接近事件的真相，从而有着更为公正的视角、更为直观的呈现。从用文字讲故事到用数据讲故事，数据新闻改变了传统新闻内容生产和叙事模式，通过对数据的结构化、知识化处理，探索有意义的数据联

———————
① 段丹洁. 数据新闻为媒体发展带来机遇——访西安交通大学新闻与新媒体学院教授陈积银[EB/OL].（2020-02-25）[2021-01-06]. http://www.cssn.cn/gd/gd＿rwxb/gd＿mzgz＿1683/202002/t20200225＿5092977. shtml?COLLCC=2679845631&.

系，将孤立的"新闻事件"扩展为"情景报道"，丰富了新闻内容生产，增强了报道说服力。[①] 但我们也应该清醒地认识到，数据新闻只是新闻报道的一种形式，和文字新闻、图片新闻、视频新闻等一样，不能替代传统新闻报道。

如在 2020 年 7 月围绕四川省推动制造业高质量发展现场会的相关报道中，传统新闻报道从"细微"入手，在制造业发展这一大格局之中寻找小的突破点进行报道；川报全媒经济新闻部和川报全媒体集群"MORE 大数据工作室"联合制作的数据新闻《推动制造业高质量发展现场会 12 丨动图解读乘风破浪的四川制造业》则通过动态图片，以更直接、更清晰的方式展现新闻事件中的重点、亮点，图 1.1.1 为其中对 2019 年四川全省工业增加值的介绍。

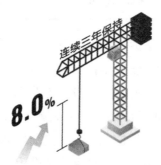

图 1.1.1　关于 2019 年四川全省工业增加值的数据新闻截图

（2）突破叙事范式，以可视化为主要呈现方式，创新报道形式

数据新闻与传统新闻一样，其本质是向受众清晰明了地讲述故事，呈现事件的真相。所以叙事仍然是数据新闻的出发点和归属地。不一样的是，数据新闻中的文字和图片让位于以数据为主的信息图表、视频以及其他类型的

[①]　陈虹，秦静. 数据新闻的历史、现状与发展趋势［J］. 编辑之友，2016（1）：69–74.

可视化视图。虽然数据本身是不可见的，但是伴随着全媒体时代的到来，我们利用相关软件可以改变这一情况。通过对数据的挖掘，我们可以洞察数据背后隐藏的秘密，揭示新闻背后的故事。与传统新闻需要通过深度报道揭示新闻背后的真相不同，数据新闻更直观。

数据新闻最终呈现的是丰富多元的可视化信息，而数据可视化有助于将冗杂的数据信息及其错综的关系链以形象、生动、简单的方式呈现。这种叙事模式提升了专业新闻的"阐释"效果，增强了内容的易读性和接受度，并且是一种开放结构，具有高度的交互性、动态性、参与性。从早期使用表格、图片、漫画、动图、视频和 H5（超文本标记语言），到后期从单一"视觉"发展到"视听"多感官并行的信息传递形式，数据新闻让用户的体验从分裂走向统一。数据新闻突破传统新闻叙事框架的窠臼，以受众为中心，在叙事范式上体现创新，突出表现为社交化、个人化和应用性特征。例如，川报全媒体集群"MORE 大数据工作室"的数据新闻作品《张孃孃说社区治理》就体现了这些特点。2020 年 5 月 9 日，四川省第十三届人民代表大会第三次会议召开，当天的政府工作报告中提出，要深入推进社会治理能力建设，要把城乡基层治理制度创新和能力建设作为重点，打造共建共治共享的社会治理新格局。四川在线、川报全媒体集群"MORE 大数据工作室"策划改编了哔哩哔哩网站（B 站）热门歌曲，以基层治理志愿者、社区潮人张孃孃巡园为故事线，配上当红网络偶像洛天依的"魔性"音乐，加以文字变形的动画，生动活泼地展示了社区治理的新方法。

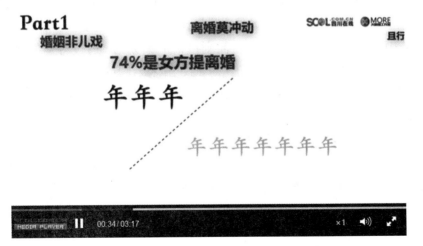

图 1.1.2 数据新闻《张孃孃说社区治理》视频截图

（3）准确定位受众，实现以移动端为主的多渠道传播，拓宽传播途径，提高传播到达率

新闻只有与用户需求很好地对接才能实现自身价值，如果新闻不能满足用户需求，也就失去了它本身的意义。传统媒体的记者都是在自身新闻敏感度的基础上采集发布新闻的，只在认为某件事有价值或对社会上的多数人有吸引力或影响力时才会去报道它，具有一定的主观性。另外，记者在采访的过程中通常会以个别人作为采访对象，采用的是"随机样本"，其中包含了偶遇式新闻采访（如"街采"、观众来电等），客观性和准确性不足。而数据新闻制作团队往往会通过后台获取用户数据的"总体样本"，并分析包含在其中的兴趣和需求，判断新闻的价值。如此一来，数据新闻便能够准确地定位受众，从而获得更多的访问量与阅读量。

此外，依托互联网、大数据，数据新闻可视化的呈现形式具有先天优势，能够最大限度地发挥以移动端为媒介的"两微一端"（即微博、微信及新闻客户端）图文、音频、视频等多种传播形式的效果。同时，像小测验、小游戏、小工具这种交互性与趣味性互相融合的传播形式已然成为广受媒体欢迎的选择，它们能激发受众的参与兴趣，从而提高点击率（流量）。

数据新闻以移动端阅读为主，在实现多渠道传播的基础上适应用户"用完即走"的社交传播需求，给读者良好的阅读体验，因此在传播到达率上更有优势。同时，新闻机构执行"看门人"的职能，简单来说就是媒体应该肩负起舆论监督的职责。虽然我国的新闻监督事业正在快速成长，但还是面临许多局限，比如从监督内容来看，新闻监督的范围比较有限，监督的内容受限于渠道和手段，还不够全面。另外，监督往往是事后监督多，事前监督少，难以起到未雨绸缪的作用。而数据新闻则可借助大数据，通过科学的数据分析体系，对相关数据进行综合分析和比对，找出隐藏在其中的问题或隐患，然后进行新闻报道，做到精确的监管和预测。例如，川报全媒体集群"MORE 大数据工作室"从四川省公安厅交警总队获取了一份自 2013 年 1 月 1 日起至 2020 年 7 月 31 日四川省被"终身禁驾"者名单。数据显示，这 7 年多来，四川共有 3613 名驾驶人被"终身禁驾"。是什么原因导致他们被"终身禁驾"？这些人的性别、年龄、所在地区的构成如何？其背后又有哪些值得深思的问题？通过数据分析可以揭示其背后更深层的问题，如图 1.1.3 所示。

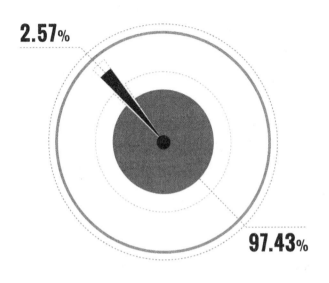

被终身禁驾者男女分布

2.57%

97.43%

女性
93人

男性
3520人

统计时间：2020年7月31日
数据来源：四川省公安厅交警总队

MORE 大数据融工作室　川报观察　SCOL.COM.CN 四川在线

图 1.1.3　关于"终身禁驾"者性别构成的数据新闻截图

3. 数据新闻的意义

从内容表达角度看，数据新闻不仅可以讲述一个故事，而且可以反映某个趋势。分析全球数据新闻大赛的获奖作品，可以看出其选题涉及公民健康问题、地震相关数据分析结果、公共资金使用问题等。这些作品不仅具有重大的新闻价值，还具有重大的社会价值，在一定程度上促进了社会的发展和进步。

从用户体验角度看，传统媒体的新闻生产带有单向传播的性质，受众只能被动接受新闻。大数据技术的发展，进一步改变了新闻生产的理念，这个理念就是以数据为主。在大数据时代，用户的点击、浏览、反馈都会深深地影响数据新闻的生产。因此，数据新闻的生产模式注重用户体验，以用户的需求为中心，通过与用户互动并对用户的偏好进行分析，最终达到向用户推送个性化新闻的目的。数据新闻更侧重于数据驱动型的深度报道和区域预测性新闻，利用大数据来预测事物的发展动向，满足受众的新闻期待。

从媒体发展角度看，大数据时代对新闻从业者提出了更高的要求：不仅要有新闻敏感性，还要有文字缩编能力；既要具备数据采集、统计和分析能力，又要懂美术设计，还要能操作多种计算机软件。因此，优秀的记者、编辑必须具有多种能力。此外，数据新闻也对数据分析提出了更高要求。当前，对数据进行深层挖掘的专业数据分析师十分紧缺。专业人才的匮乏势必成为制约我国未来数据新闻发展的瓶颈，亟待新闻教育界予以重视。这也将在一定程度上倒逼媒体融合。

4. 数据新闻的类型

从不同维度来考察，数据新闻作品有不同的分类方法。按照涉及的内容划分，数据新闻可分为时政类数据新闻、经济类数据新闻、科技类数据新闻、民生类数据新闻等。按照作品可视化呈现的方式划分，数据新闻则可分为三大类：静态信息图文类、动态信息或视频类、交互体验类。

（1）静态信息图文类数据新闻

信息图是数据新闻中常用的呈现方式，其优势是结合新闻的叙事能力，用简洁直观的图表形式呈现出庞大的数据。静态信息图主要用于表现数据之间的关系和发展趋势，常见的有条形图、柱形图、饼状图、折线图、$X-Y$散点图等。

传统的静态信息图文类数据新闻，通过文字和图表对丰富而详尽的信息内容进行更全面的阐述，为受众提供全面、完整的新闻信息。目前，部分标题冠有"图解""图说""数说""据说"的栏目或作品，在很大程度上与原有的图表新闻很类似，但更侧重于信息的可视化。川报全媒体集群"MORE 大数据工作室"于 2019 年 11 月 13 日推出的作品《四川省 47 个市辖区的线上消费数据，告诉你数字生活新趋势》是以"四川省县域经济发展考核范围及分类表"中的 47 个市辖区为研究对象，立足 47 个市辖区的线上消费数据，关注各个区县的网购群体，以此来解读四川省数字生活新趋势。图 1.1.4 为其中对四川省 8 个市辖区外卖市场情况的介绍。从内容和形式看，这则新闻作品可归于图文类数据新闻的范畴，将文字信息以可视化的方式进行呈现，更便于理解，起到"新闻说明书"的作用。

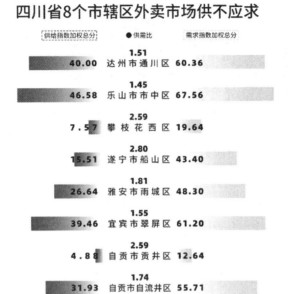

图 1.1.4 关于四川省 8 个市辖区外卖市场情况的数据新闻截图

（2）动态信息或视频类数据新闻

这类数据新闻除了有图形和文字，还配有声音、动画等。它以动态的形式传达更多的信息，使可视化表达更加生动有趣。通过把数据新闻与视觉化技术相结合，媒体为新闻信息配上直观的音视频，化繁为简地制作出动态或视频化的数据新闻。这种化繁为简的呈现方式，降低了读者的阅读压力，提高了阅读质量和接受度。中央电视台的早期作品《数字十年》《两会大数据》《"一带一路"特别报道——数说命运共同体》，以及新华网的"数视频"于2020 年 12 月 31 日推出的《数说 2020——致我们见证的这些难忘瞬间》等作品均属于视频类数据新闻。2020 年 8 月 20 日，澎湃新闻"美数课"在全球累计新冠肺炎确诊病例突破 2000 万的背景下，发布了视频类数据新闻《疫苗之间》，如图 1.1.5 所示。该数据新闻对广大民众关心的关于疫苗的一系列问题进行了科普，填补了信息鸿沟，缓解了受众的恐慌情绪。对于这类数据新闻，生产者更看重其能产生的预见性价值。

图 1.1.5　数据新闻《疫苗之问》视频截图

（3）交互体验类数据新闻

交互体验类数据新闻融入视频、音频和动画等元素，从传播关系入手，从根本上改变了受众和传播者之间的主客关系。这一类数据新闻注重以"交互式"的信息传输方式作用于用户的感官体验并提升用户的参与度。媒体根据选题、所获取数据的具体情况，更加重视数据的挖掘、分析，并利用大数据思维做新闻，即通过分析所有用户的需求和兴趣，获取"总体样本"，从而做出关于新闻价值的判断。在这种模式下，内容的生产不再只是从传播者的视角单方面揣测，而是融入了用户的需求。它呈现的不仅是炫目的可视化数据信息或全新的新闻形态，而是从大数据"交互"中找到的新闻的落点。无论是传播者占据主导地位的新闻，还是用户驱动引导的新闻，都需要"传受一体化"的有效参与才能呈现出完整的新闻故事，而这种参与都属于其与新闻作品、新闻内容的对话和互动。

这样的新闻不仅与信息接收者之间形成了内在的互动关系，而且带"活"了内容，真正贴近了受众，吸引了各年龄层面更广大的受众。

在体现交互性方面，由于用户媒介接触习惯以及跨平台传播的需要，最受欢迎的当属 H5。H5 是联合电脑端和移动端的跨平台传播方式，能实现多元的视觉特效并且帮助用户精准、快速地抓住信息的要点。例如，川报全媒体集群"MORE 大数据工作室"发布的《听说·青羊》，增强了数据新闻与用户之间的互动，为用户提供了交互性和沉浸式的阅读体验，如图 1.1.6 所示。

图 1.1.6　数据新闻《听说·青羊》截图

第二节

数据新闻的发展趋势

一、本土化

数据新闻在国内的本土化发展同样起源于实践，然后被学界以一种概念的形式提出来。自 2011 年 5 月门户网站搜狐网新闻频道的"数字之道"栏目上线开始，越来越多的国内媒体相继开辟了数据新闻栏目。2012 年，其他门户网站以及以传统报纸、杂志为依托的新媒体平台纷纷开始试水，如网易的"数读"，新浪的"图解天下"，腾讯的"新闻百科""数据控"，新华网的"数据新闻"，《钱江晚报》的"图视绘"，《南方周末》的"南都指数"，壹读网的"壹读视频"。2013 年，人民网的"图解新闻"、财新传媒成立的数据可视化实验室、《新京报》的"数据新闻"，也开始发布数据新闻。

有研究人员把 2013 年称作"中国数据新闻元年"。这年 5 月，数据新闻研究的集大成之作《数据新闻手册》的中文版在网上面向读者开放，推动了"数据新闻"这一概念在国内的普及。清华大学国际传播研究中心的李希光和张小娅于 2013 年 1 月 15 日在《新闻传播》上发表的论文《大数据时代的新闻学》，对《数据新闻手册》的主要内容、重要案例进行了介绍和概括。国内第一批数据新闻理论研究著作有方洁的《数据新闻概论》和喻国明等人的《新闻传播的大数据时代》等，这些著作从理论层面介绍了大数据时代数据新闻的理念和呈现方式。

同年 6 月，百度发布了 ECharts，这个用来做图表的控件让国内数据新闻可视化有了技术平台。8 月，"数据新闻网"上线，该网站是一些数据新闻爱好者（主要以留学生为主）做的公益性网站，搜集了大量跟数据新闻相关的信息，不定期地更新，为数据新闻提供了交流传播平台。12 月，财新网创办了中国第一家"数据新闻工作坊"，用于培养数据新闻人才。"数据新闻工作坊"的形式在国内数据新闻教育的发展中起到很重要的作用。

2014 年，中央电视台先后推出"据说"系列节目和"两会大数据"专题栏目，开启了电视数据新闻之路。中央电视台的《晚间新闻》推出了"据说"系列节目，代表作有《"据"说春运》《"据"说春节》《"据"说两会》。《新闻联播》也在除夕夜和大年初七两天重点播报了基于百度大数据的《数据说春节》，引发了巨大关注。2014 年后，用数据报道新闻的理念在新闻传播业和学界已经深入人心。

在数据新闻的实践上，我国数据新闻实践平台主要是综合性门户网站和以传统报纸、杂志为依托的新媒体平台（客户端、公众号），大致分为门户网站、新媒体平台、电视媒体、提供可视化服务的商业类专业网站。随着移动互联网的快速发展，传统媒体自身的局限性快速显现。据 CNNIC（中国互联网络信息中心）第 45 次《中国互联网络发展状况统计报告》显示：截至 2020 年 3 月，我国网民规模为 9.04 亿，其中手机网民占据了整体网民的 99.3%，手机网络新闻用户规模达 7.26 亿。媒介迭代加速，数据新闻的实践也随之转战 App 客户端、微信公众号。其中，以澎湃新闻、第一财经、财新网、新京报网、四川日报网、镝数等为代表的数据新闻生产团队，形成了多元传播平台、专业队伍配备、产学研共建的融合发展，生产了不少可读性强、传播面广、类型多样的数据新闻产品，如表 1.2.1 所示。

表 1.2.1 国内主流数据新闻实践平台

媒体名称	栏目名称	媒体类型	上线日期	备注
搜狐新闻	数字之道	门户网站	2011 年 5 月	2012 年 3 月 12 日，搜狐"四象工作室"官方微博上线，同步发布"数字之道"内容；2016 年 6 月 23 日，"四象工作室"的微信公众号上线，同步发布"数字之道"内容；2019 年 4 月 29 日，"数字之道"入驻"湃客·有数"平台进行内容发布
网易新闻	数读	门户网站	2012 年 1 月	设国际、经济、政治、民生、社会、环境、其他 7 个板块，形式丰富，用户活跃
新浪新闻	图解天下	门户网站	2012 年 6 月	设新闻、财经、科技、体育、教育 5 个板块，形式包含长图、H5、交互、视频，2018 年 12 月（第 262 期）后停更
钱江晚报	图视绘	新媒体平台	2012 年 6 月	主要内容为科普、养生、服务、新闻类信息图表，已停更
壹读	壹读视频	新媒体平台	2012 年 7 月	内容形式为视频，已停更（326 期）
财新传媒	数字说	新媒体平台	2012 年 10 月	常规数据新闻（付费阅读），以经济类选题为主，在文字间插入静态数据图表。数据新闻与可视化作品一般为交互式网页，数据量大，可视化技术复杂
新华网	数据新闻	新媒体平台	2012 年 11 月	2014 年 6 月和 2015 年 12 月先后两次改版，现有 10 个板块，涵盖了时政、经济、科技、民生、养生知识等内容
腾讯新闻	新闻百科	门户网站	2012 年 9 月	已停更（631 期）
腾讯新闻	数据控	门户网站	2012 年 12 月	已停更（49 期）
人民网	图解新闻	新媒体平台	2013 年 5 月	设时政、社会、国际、军事、交互、百科、人物、数字 8 个板块，主要形式有长图、H5 和可交互图表
新京报	数据新闻	新媒体平台	2013 年 7 月	2018 年将"图个明白"与"有理数"栏目整合为数据新闻，以静态信息长图为主要形式
中央电视台	"据"说系列	电视媒体	2014 年 1 月	已停更

媒体名称	栏目名称	媒体类型	上线日期	备注
澎湃新闻	"美数课"（花边数据）	新媒体平台	2014年7月	2015年3月更名为"美数课"，选题上注重事件性与话题性的均衡，可视化手段多样，侧重移动端的交互、场景化传播
界面新闻	数据线	新媒体平台	2014年11月	分图解和数据两种形式，不定期更新
中国新闻网	图解新闻	新媒体平台	2014年12月	该平台是以对外报道为主要新闻业务的国家通讯社
镝数	镝次元	专业网站、新媒体平台	2015年4月	我国首个数据查找与可视化平台，主要是教学网站及可视化模型资源库。通过微信公众号发布数据新闻，2018年7月19日入驻"湃客·有数"平台进行内容发布
第一财经	DT财经	专业网站	2015年12月	第一财经与阿里巴巴合力打造的数据财经新媒体，国内第一家专门进行商业数据生产、传播的平台，2018年7月26日入驻"湃客·有数"平台进行内容发布
四川日报	MORE数据	新媒体平台	2018年4月	川报全媒体集群数据新闻频道，致力于构建四川最大的"大数据决策媒体智库"，重点为党政部门的决策提供参考，2018年11月21日入驻"湃客·有数"平台进行内容发布
澎湃新闻	湃客·有数	新媒体平台	2018年8月	专业的创作者平台，采取"邀约＋严选"的入驻模式，从内容生态源头做起，汇集了行业优质创作者，并不断挖掘社会优质创作团队，是一个优质的数据新闻内容聚合平台
腾讯新闻·数可视	知数	专业网站	2018年11月	腾讯新闻与数可视联合发起的数据新闻生态扶植项目，是一个数据新闻创作和发布平台，提供数据搜索、采集、存储、清洗、分析、可视化一站式服务。设视频、图文、交互、漫画、会展5个子栏目

　　在近十年的发展中，我国的数据新闻生产平台起起落落，有停更也有重组，有新生也有沉寂。我国数据新闻的发展，经历了三个过程：从最初的简单复制、罗列一些数据，到数据更加丰富、翔实，数据新闻报道的数量增多，再到"数据新闻"正式诞生，即注重对数据的挖掘、分析，并借助可视化手段实现多渠有效传播。如今，我国数据新闻的本土化发展走上了独立、专业、繁荣的道路。由数据新闻行业、高校组建的数据可视化实验室专门针对数据

新闻进行深度开发，它们的出现在一定程度上促进了我国数据新闻专业化的发展，如中国人民大学新闻系官方微信公众号"RUC新闻坊"、中国传媒大学联合业界机构创建的数据新闻工作坊的公众号"白杨数新观察"、财新传媒的"财新数据可视化实验室"。它们的每一期数据新闻都根据选题从相关机构、部门等获取有效数据，借助丰富的数据资源、先进的数据处理及可视化技术，在数据量、可视化、交互性、多渠道传播方面都实现了质的突破，产生了巨大的影响。由于其专业性，"财新数据可视化实验室"参与主办了首届中国数据新闻大赛，形成以赛促学的机制，拓展了我国数据新闻教育平台。

二、智库化

智库主要是指以公共政策为研究对象，以影响政府决策为研究目标，以公共利益为研究导向，以社会责任为研究准则的专业研究机构。党的十九大报告指出，要加强中国特色新型智库建设，高度重视传播手段建设和创新，提高新闻舆论传播力、引导力、影响力、公信力。在大数据、云计算、社会化媒体等全新信息技术的猛烈冲击下，原来存在于政府和公众之间的信息差、文化差、知识差、能力差正在逐步消除。用数据来说话、用数据来决策、用数据来管理、用数据来创新——媒体的智库化转型越来越清晰。智库与媒体在引导舆论和塑造舆论方面的基本功能完全一致。

结合传统媒体原有的优势，以数据为驱动的数据新闻产品更科学、更精确。数据新闻超越了传统媒体新闻报道环境监测、社会协调、文化传承和娱乐等基本功能，基于数据挖掘和分析，产生了新的意义。近几年一些数据新闻团队的选题涉及时政、教育、人口、经济、民生、文化、新闻出版、环保、科技、娱乐、体育等多个领域。例如，2019年1月澎湃新闻刊载的题为《134亿学前教育发展基金，你的家乡能分到多少?》的数据新闻报道中，通过对财政部官网公布的2019年134亿学前教育发展预算资金的分配标准进行多维度解读，得出在学前教育资金的分配上，中央财政对欠发达地区的支持力度相对要大一些。这正是基于数据分析技术，对传统媒体功能的超越。

运用大数据推进媒体信息化系统建设与提升国家治理体系和治理能力现代化水平息息相关。一方面要将大数据作为基础性战略资源，加快推动数据资源共享和相关应用的开发，积极构建以政府机构为主导、媒体传播为载体的信息传受系统；另一方面要建立、健全大数据辅助科学决策和社会治理的机制，推进政府管理和社会治理模式创新。

2020 年四川省两会期间，川报全媒体集群"MORE 大数据工作室"梳理了 10 万余条数据，聚焦成渝两地企业投资流向，分析得出眉山是成都企业投资的最大资金流入地，如图 1.2.1 所示。数据新闻从数据开始，向智库延伸，将资源整合起来，参与政府、企业、社区的发展与振兴。这不仅方便决策者迅速抓取有效信息，提高决策效率，而且能将复杂问题以简单易懂的方式进行呈现，增强公众对政策制定过程和研究成果的参与和认可，建立良性互动机制。

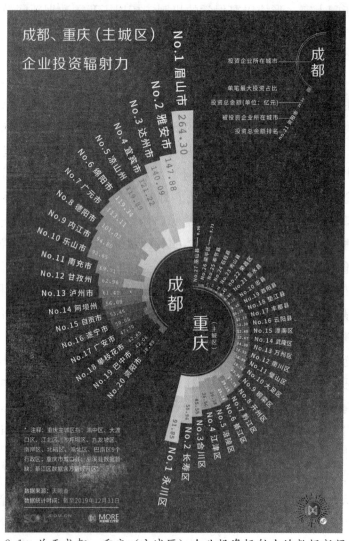

图 1.2.1 关于成都、重庆（主城区）企业投资辐射力的数据新闻截图

三、融媒体化

数据新闻对媒体采编队伍的能力提出了更高的要求。传统的新闻生产对于从业人员的要求是把握新闻的时效性、新闻价值及新闻文本的写作。数据新闻要求记者成为复合型人才，即能够获得数据，通过数据挖掘新闻价值，最终与用户分享数据。数据新闻记者要在浩如烟海的数据中发现线索，做出准确分析和深度解读，仅凭借传统的采访、写作能力是不够的，需要有很强的数据挖掘与分析能力。

首先，新闻从业人员要培养数据思维，要充分认识到大数据时代数据的重要性和价值，具备收集和处理数据的意识。其次，新闻从业人员需培养专业技能，不仅要具备传统新闻采访、制作等技能，还要掌握数据挖掘技术、图表处理应用技术、数据可视化呈现设计技术等，即"一专多能"。最后，新闻从业人员要转变角色。未来，新闻从业人员在写稿的时效性、准确性上将无法与人工智能抗衡，若想取得突破，必须积极转型，发挥自身优势，做好新闻把关人，在深度解读与意义挖掘上下功夫。

总之，数据新闻通过对新闻事件的相关数据进行整理和编辑，同时进行视觉化处理和故事化展现，在进行事件解读和新闻传播时，与当下较为主流的信息传播方式有机结合，进行社交化、人性化、个性化设计，从而形成更为科学和易读的新闻文本。它丰富了媒体报道形态，促进了媒体融合发展。

第三节

数据新闻的制作流程及人力资源需求

数据新闻拥有两个显著特征，一个叫数据驱动，另一个叫可视化。相对于传统新闻内容的生产，数据新闻在生产流程中增加了数据采集、处理和可视化环节，增加了新闻内容生产的落点，也在采编过程形成了一套独特的组织生产机制。

一、数据新闻的制作流程

关于数据新闻的制作流程，德国记者米尔科·洛伦兹（Mirko Lorenz）在首届国际数据新闻圆桌会议上指出："数据新闻是一种工作流程，包括以下基本步骤：通过反复抓取、筛选和重组来深度挖掘数据，聚焦专门信息以过滤数据，可视化呈现数据并合成新闻故事。数据新闻被视为一个不断提炼信息的过程，在这一过程中，原始数据转换成有意义的信息。当把复杂的事实组织成条理清晰、易于理解和记忆的故事时，公众才能获取更多益处。"

英国伯明翰城市大学保罗·布拉德肖（Paul Bradshaw）在《数据新闻的倒金字塔结构》一文中依照传统新闻学里的"倒金字塔"结构理论，提出了数据新闻的"双金字塔结构"，如图1.3.1所示。他以"倒金字塔"来表示数据新闻生产的过程（数据汇编、数据清理、数据分析、数据整合），以"正金字塔"来表示数据新闻传播（可视化、叙事化、社交化、人性化、个性化、应用化）。他认为数据新闻的产生是基于对原始数据的分析并将其放入具体的情境，不过他同时还强调，数据新闻通过可视化形成新闻叙事之后，在各种平台发布而实现社交化，然后，读者可以进一步将新闻作品按个人的兴趣与需求加以应用。[①]

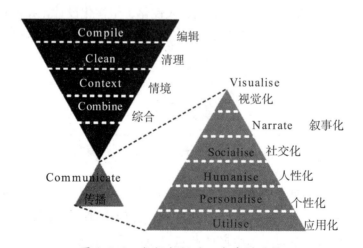

图1.3.1　数据新闻的双金字塔结构

---

① 章戈浩. 作为开放新闻的数据新闻——英国《卫报》的数据新闻实践［J］. 新闻记者，2013（6）：7—13.

根据上述表述，我们可以发现数据新闻是形式更是内容。数据新闻的制作过程是从数据出发，通过对数据的分析实现价值发现，最终以视觉元素呈现的过程。在庞大的数据背后，有新闻的真相，也有可提炼成论题的新闻观点。数据新闻所表现出的精确、可视化特性让新闻报道更趋真实、客观。

数据新闻生产的常规路径有两条。一条路径是研究、挖掘数据背后的新闻事件或观点。这是由表及里的过程，往往可以触及不为人知的真相，而这些真相就构成了新闻叙事的本源。这属于先有数据后有选题。财经类的数据新闻，往往就是去挖掘公司的财报，找寻数据背后的信息。比如，川报全媒体集群"MORE大数据工作室"联合"饿了么"，给受众解读了成都网友宅在家通过点外卖的方式购买医疗用品和生活用品的情况，如图1.3.2所示。另一条路径是通过数据可视化的方式呈现新闻观点。这种状况则是先有选题方向（新闻资源），然后通过反复抓取、筛选、分析数据，运用纵深思维展现新闻价值，利用数据可视化来进行新闻叙事，让新闻更利于受众接受。在新闻内容同质化严重的当下，媒体的竞争往往体现在对相同新闻事件的不同解读上，这也就形成了数据新闻的"第二落点"[①]，即对传统新闻叙事模式的创新与重构。

随着数据新闻作品越来越丰富，其制作流程也越来越多样。结合川报全媒体集群"MORE大数据工作室"的数据新闻作品，拆分其制作过程可见，数据新闻的制作并非线性流程，确定选题和寻找数据是一个相辅相成的过程。一篇好的数据新闻必须将新闻点和数据分析完整地融合在一起。有时候是已经拥有充足且可靠的数据，需要通过分析数据确定选题，进而展现新闻价值；有时则是先得到了数据，但数据维度单一，需要围绕已有数据去寻找更多数据源，拓展数据维度，丰富选题内容，提升新闻价值；还有的时候是先有一个大的方向（即想要做什么），然后在找数据的过程中逐渐形成选题。当然，并不是所有的选题都可以顺利完成。在执行的过程中需要论证和检验，如果发现事先的想法不可行，或者数据不好找，或者有了新的发现，就会临时转换选题的角度。[②] 好的数据新闻不仅仅源于编辑对数据的敏感与挖掘，更多的时候取决于媒体人对目标的认定，即你想要做什么。

① 陈欣.浅论全媒体环境下新闻报道的"第二落点"[J].传媒与教育，2014（1）：32-34.
② 白净.如何为数据新闻找选题？你可以试试这七种方法[EB/OL].（2019-09-18）[2021-01-06].https://www.sohu.com/a/341607311_257199.

医疗类

订单量猛增 ●●●● 环比增长率
—— 周销量

保护自己，就是保护他人

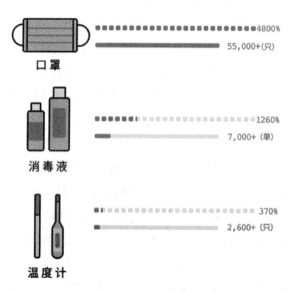

口罩 4800%
55,000+(只)

消毒液 1260%
7,000+（单）

温度计 370%
2,600+（只）

1月21日至1月29日，成都市民通过点外卖的方式购买了很多医疗用品和生活用品。医疗订单的总量环比12月同期增长了10%，尤其是口罩和消毒液的外卖订单增长迅猛。疫情当前，保护自己就是保护他人，必要的防护措施不能落下！

图 1.3.2 关于成都网友宅在家通过点外卖的方式购买医疗用品
和生活用品的情况的数据新闻截图

为了便于操作，我们将数据新闻的制作过程概括为认知——分析目的，获取——数据搜集，进行——数据清理，实现——数据挖掘，展示——数据可视化五个环节，如图 1.3.3 所示。

图 1.3.3 制作数据新闻的五个环节

（一）认知——分析目的

新闻报道中与数据相关的工作都是围绕着报道目的而展开的。在这一环节，主要任务是识别需求，要解决做什么、做给谁看、怎么做（切入方式）等问题。从目的、受众、功能实现三个层面思考上述问题的时候，就已经在开始搭建新闻产品的逻辑框架。

（二）获取——数据收集

在这一环节需要重点考虑的是：为了达成目标需要什么样的数据（材料）；可以从哪些渠道（机构或政府部门）收集到这些数据；如果不是直接数据，可以搜集哪些相关数据。总体来说，这一环节是对收集数据的内容、渠道、方法进行策划并实施。

（三）进行——数据清理

该环节是验证数据新闻产品的开发能否继续进行的关键环节，是发现数据新闻价值的初级阶段。该阶段主要是以输入的方式对收集到的数据进行加工和清理，使其转化为信息并与需求匹配，即"用适当的统计分析方法对收集来的大量数据进行清理，将它们加以汇总、理解并消化，以求最大化地开发数据的功能，发挥数据的作用"[1]。"数据分析是为了提取有用信息和形成结论而对数据加以详细研究和概括总结的过程。"[2] 其重点在于数据的有效性、真实性、完整性和先验约束的正确性。

---

[1] 陶皖. 云计算与大数据 [M]. 西安：西安电子科技大学出版社，2017：44.

[2] 同上。

（四）实现——数据挖掘

通过获取和进行两个环节，我们形成了一个数据库，其在提供丰富信息的同时，也体现出海量信息的特征。从大量数据中通过算法搜索隐藏于其中的信息的过程，称为数据挖掘。数据挖掘通常与计算机科学有关，需要通过统计、在线分析处理、情报检索、机器学习、专家系统（依靠过去的经验法则）和模式识别等诸多方法来实现上述目标。数据挖掘的重点在于寻找未知的模式与规律。数据挖掘分为有指导的数据挖掘和无指导的数据挖掘。有指导的数据挖掘是利用可用的数据建立一个模型，这个模型是对一个特定属性的描述，包括分类和预测（定量、定性）。无指导的数据挖掘是在所有的属性中寻找某种关系，常用的包括聚类和关联。大数据行业的经典案例——啤酒与尿布的销量呈正相关，就是事先未知却又非常有价值的信息。

（五）展示——数据可视化

中国人民大学新闻学院许向东在《数据新闻可视化》一书中指出："可视化是人们对事物形成图像感知，帮助、强化人们对事物的认知和理解的过程。"[1] 简单来说，可视化就是将那些抽象、复杂、晦涩的数据或事物转化为形象、生动的图形、图像，用可视元素来传达信息，实现用户良好阅读体验的叙事过程。好的数据新闻是直观而且容易理解的。当数据成为新闻的要素时，就必须考虑它的可读性。让数据转化成可"悦读"且具有新闻特质的表现形式，就是数据新闻的可视化处理。从可视化呈现的角度来看，最常用的表现形式为数说、图解和动态交互三类。当然在众多媒体的数据新闻实践中，数据可视化并不局限于单一的形式，而往往是统计图表、信息图、交互图表等多种表现形式的组合运用。

在日常运行中，上述五个环节并非简单的线性流程，而是存在并行与往复验证，大致可以分四个层面进行，如图1.3.4所示。

---

[1]　许向东. 数据新闻可视化 ［M］. 北京：中国人民大学出版社，2018：10.

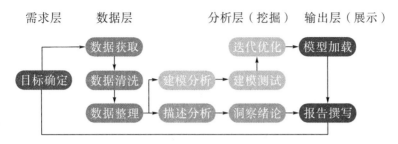

需求层　　　数据层　　　　　　分析层（挖掘）　输出层（展示）

图 1.3.4　数据新闻制作流程图

二、数据新闻生产的人力资源需求

从分析报道目的到对数据进行收集、清洗和分析，再到结合受众的特点来设计互动内容，并通过数据可视化来推动数据新闻的传播，这一系列工作很难靠一己之力完成，所以数据新闻的生产往往需要团队合作。要想做出一则高品质的数据新闻，需要新闻传播、数据分析和程序设计等专业人才的通力合作。如何组建一个数据新闻团队？成员间又如何分工？对于技术的需求有哪些？下面将对这些问题做出回答。

（一）数据新闻团队的组建与分工

按照现行数据新闻平台通用的模式，数据新闻制作一般按项目组建团队。不少团队存在固定成员与流动外援的搭配，基础条件是要保证团队在新闻敏感性、数据挖掘/分析、数据可视化、交互呈现四大核心技能方面无短板。[①]从一个完整的数据新闻团队所需的四大核心技能来看，一个数据新闻团队通常会包含四种角色：数据记者/编辑、数据分析师、数据可视化工程师和程序设计师，如图 1.3.5 所示。根据数据新闻项目工作量的大小，一个常规团队应该包括 3～4 个人，很多时候一个人需要分饰两个或多个角色，如一个人既是数据分析师，也是程序设计师。在一些非常专业的领域或跨领域的选题中还会存在流动专家成员。

---

① 吕妍. 数据新闻团队和栏目的构建与升级——以澎湃新闻"美数课"和"有数"为例 [J]. 青年记者，2018 (28)：26—27.

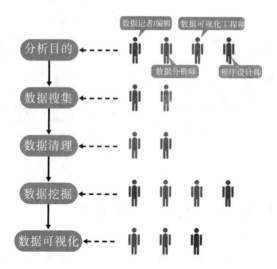

图 1.3.5　数据新闻团队的组建与分工

数据记者/编辑主要负责策划选题，搜集数据，制作草图，采、写、编的文字工作，整理相关资源（与新闻相关的背景资料、图片、视频、音频和文字），进行数据加工、内容整合。数据记者/编辑应具备一定的管理能力并与设计师共同完成数据图等。数据记者/编辑作为制作数据新闻的"灵魂人物"，必须具备很高的综合素质，对新闻现象本身有观察与理解，而且能对数据进行分析。只有这样，团队的作品才能摆脱单纯呈现技术的束缚。

数据分析师的工作相对单一，主要是收集、清理和分析数据。具体来讲，就是明确数据范围、减少数据量，通过采集、统计、分析与归纳，梳理出团队需要的数据结果，让数据的新闻价值得以呈现。

数据可视化工程师的主要工作是数据可视化项目的开发工作，包括数据产品制作和可视化展示。具体来讲，就是利用可视化工具进行数据分析和挖掘，减少数字"噪音"，选择合适的图表，还包括手绘图案、3D 制作、图片设计和排版等。

程序设计师的主要工作是编写代码，实现数据获取和分析、数据可视化等。由于编程工作的专业性太强，不少数据新闻平台的这个岗位是聘请流动外援。

（二）数据新闻团队的岗位技术需求

在分析了新华网、澎湃新闻、镝次元、四川日报网等媒体发布的数据新闻岗位招聘信息后，我们总结出了数据新闻团队的岗位技术需求，如表1.3.1 所示。

表 1.3.1 数据新闻团队岗位技术需求

岗位名称	任职的技术要求
数据记者/编辑	1. 掌握图片、音频和视频等编辑工具。至少会用 PS 或 AI，会用 AE 优先。 2. 对数据感兴趣，具备基础统计学知识，能熟练操作 Excel、PPT 等工具。 3. 对数据可视化图形有一定了解，能够根据数据和信息需求，选择适当的图形
数据分析师	1. 熟练掌握 Hive、SQL 等数据提取工具。 2. 熟练掌握多种数据统计和挖掘方法。 3. 熟练使用 Excel、SPSS、SAS 等数据统计、分析软件
数据可视化工程师	1. 有良好的平面设计基础，能熟练使用 AI、PS 等平面设计软件。 2. 对字体、排版、图片有较强的处理能力。 3. 熟练使用可视化 BI 工具①及前端工具，包括但不限于 Tableau、Datawrapper、PowerBI、QV、ECHAR 等（使用的主要工具是 Photoshop 和 Illustrator 等）。 4. 了解脚本语言，包括但不限于 Python、R、SQL、Processing②、three.js③ 等
程序设计师	1. 掌握脚本语言，如 Python、R、SQL、Processing、three.js 等。 2. 熟悉 HTML、Python、R、SQL 和 D3.js 等常见的编程工具

　　融合生产是数据新闻制作的核心要义。在融合式的团队中，所有成员有一个共同的目标，每一个环节的实现都依靠集体的智慧。从数据记者/编辑的角度出发，受限于自身的技术背景和能力，能提出的构想会存在一定局限。若数据记者/编辑对技术有一定的掌握，就能更好地和数据可视化工程师、程序设计师沟通。数据可视化工程师和程序设计师也要学点新闻知识，以便更好地实现记者/编辑的想法或提出有益的建议。其他成员不能因为编辑是负责内容策划的，就盲目依据编辑的指令去做，还必须从信息设计的角度去考虑。所以，无论成员如何分工，在融合式团队中每位成员都需要遵守与其他成员

---

　　① BI 即商业智能。BI 工具是利用一组方法和技术来准备、呈现和帮助分析数据的工具。通过此过程，数据将转化为可操作的业务信息，帮助决策者和最终用户做出更有效的数据驱动决策。
　　② Processing 是一种具有前瞻性的图形设计语言，它是在电子艺术的环境下介绍程序语言，素有"电子艺术"之称。它是 Java 语言的延伸，并支持许多现有的 Java 语言架构。
　　③ three.js 是用 JavaScript 编写的 WebGL 第三方库，提供了非常多的 3D 显示功能。

的信息互动规则。

【案例剖析一】

用"数据"叙写新闻专业主义
——以《谁死于飓风玛利亚》（*Hurricane Maria's Dead*）为例

新闻专业主义指新闻媒介和新闻从业人员所追求的职业理想与操作理念。互联网技术和大数据思维催生的数据新闻，使新闻专业主义的表现形式更加多样，但其基本内涵（客观性理念、服务公众意识、观点自由表达权和新闻伦理道德）是始终如一的。因此，数据新闻的核心仍然是新闻叙事，以数据讲故事，贯彻新闻专业主义理念。

西方的数据新闻体系成熟较早，影响力辐射全球。2019年全球数据新闻奖（Data Journalism Awards），年度调查报道奖的得奖作品——*Hurricane Maria's Dead*（《谁死于飓风玛利亚》）[①]，是由 Quartz、美联社、波多黎各调查新闻中心合作发布的。在这篇调查性数据新闻中，我们可以找到优秀数据新闻在选题意图、数据获取方式以及叙事策略上的共同点，并从每一个具体环节观察到数据新闻是如何延续新闻专业主义理念的。

一、选题意图：呈现传统报道和政府公开信息未能反映的事件真相

由于某些大型社会事件的数据开放权并不完全掌握在媒体和公众手中，根据公开信息发布的通讯、消息类报道很难完整还原事件全貌，让受众做出准确的事实判断。在大数据语境下，依据数据库和计算机等调查手段的新闻叙事和事实判断则更具全面性。

以《谁死于飓风玛利亚》为例，新闻报道的背景是：飓风"玛利亚"发生后，波多黎各政府宣称只有64人在此次飓风中丧生，并坚称官方统计的死亡人数没有问题。《谁死于飓风玛利亚》的报道团队采访了约300个死者家属，他们称其亲属死于飓风"玛丽亚"，但均被政府忽视。在这篇数据新闻中，记者还创建了死亡者数据库（如例图1.1所示），对死亡人数的范围与性质进行了建模与估算，称可能有1065人因飓风"玛利亚"而死亡，远超官方公布人数。此后，更多研究机构开始建立模型估算死亡人数，投入更多资源救济波多黎各民众。最终，波多黎各政府

[①] 该数据新闻链接：https://hurricanemariasdead.com。

也宣布重新清点飓风"玛利亚"造成的死亡人数。

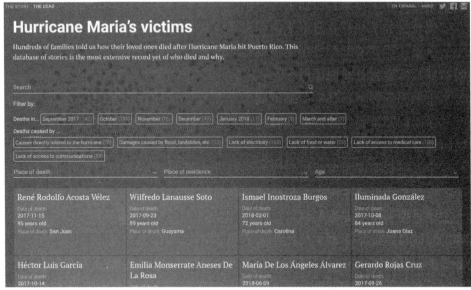

例图1.1 飓风"玛丽亚"死者数据库

陈力丹教授认为数据新闻具有四个功能,即新闻叙事、事实判断、预测走向、信息定制。显然,数据挖掘、筛选的方式在新闻叙事和事实判断这两个环节中为新闻工作者提供了更多的采访信源与调查手段,有助于呈现传统报道和政府公开信息未能反映的事件真相。

二、数据获取:一手数据与二手数据共存

数据新闻的数据获取方式大致可分为以下两大类。

①获取一手数据,即通过采访和人迹追踪采集数据、向政务部门提请信息公开、与数据研究机构合作获取资料、发放问卷调查实现用户"众包"、使用Python抓取数据等方式获取从未在公开渠道发布过的数据。

②二手数据再挖掘,即从政府网站、行业垂直网站、新闻网站、公司财报等获取数据,并结合其他数据进行计算、对比或者相互佐证,从而得到更深入的结论。

《谁死于飓风玛利亚》既有独家的一手数据,又有对二手数据的清理、筛选与组合应用。在一手数据方面,记者基于大型调查、电话采访和政府诉讼,主要以死者家属为信源,整理采访资料后得到一份截至报道发布时最为完整的死者信息。死者信息包括姓名、年龄、性别、死亡时间、死亡原因(直接致死或因飓风导致的其他资源不足而去世)等,这弥补了政府官方数据的不完整、不具体性,如例图1.2所示。

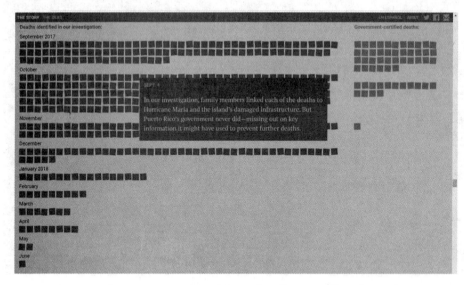

例图1.2 《谁死于飓风玛利亚》中根据采访整理的死者信息(一手数据)

在二手数据的处理上,《谁死于飓风玛利亚》对比了政府机构、医疗机构前几年在飓风发生当年发布的因疾病去世的死亡人数,进而思考:飓风发生当年死亡人数明显偏高的原因是什么?是否与飓风导致的交通阻断、医疗资源不足等有关?另外,记者通过二手数据——波多黎各政府在回应波多黎各调查性新闻机构诉讼时公布的政府死亡记录,以及疾病控制和预防中心的灾害相关死亡证明,审查了近200个死者的记录,确认了一手数据的信源真实性,如例图1.3所示。

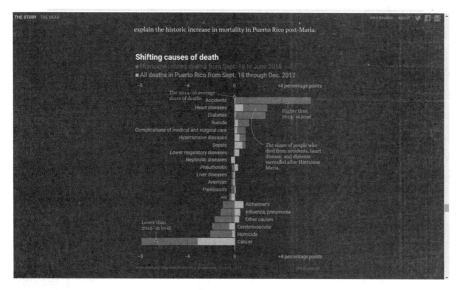

例图1.3 《谁死于飓风玛利亚》中的数据对比(二手数据)

三、叙事策略:调查报道、"众包"新闻和数据可视化结合

符号从诞生之日起就带有劝服的作用。数据新闻便是利用图像的劝服性功能,试图掀起一场新闻生产领域的符号化实践。要想取得阅读的最优效果,就必须找到合适的能指符号,建立精准的修辞框架。《谁死于飓风玛利亚》最精彩的可视化呈现即"飓风'玛丽亚'死者数据库",这一动态交互的数据库可直接反映飓风"玛丽亚"对波多黎各地区的影响。而它依据网民填写在线调查、记者采访而建立,是一种将现场报道与"众包"和数据新闻结合的新颖方式。

在行文逻辑上,《谁死于飓风玛利亚》采用深度报道的写作手法,实现层层构建。在去掉数据图表后,这仍不失为一篇完整、可阅读的调查性报道。

第二讲

如何 确定数据新闻的选题

"RUC 新闻坊"在《数据解析全球数据新闻奖：优秀作品有这些相似之处》一文中汇总了 2012—2017 年全球数据新闻奖的 411 件提名作品（包括 59 件获奖作品），并以此作为研究对象，从选题、数据来源、数据分析、数据可视化、交互设计等多个维度进行了分析。文章最后得出衡量一则数据新闻质量的三个维度：严肃选题、清晰标注数据来源——保证作品的社会意义；深度挖掘、善用图表——充分发挥选题价值；多样化表达、在细节上为用户着想——让作品更有亲和力。在全球性的数据新闻作品评比中，选题价值和数据质量是首要衡量标准。近些年国内数据新闻生产越来越成熟，其报道领域、选题方向不断拓展，从时政新闻、财经新闻逐渐延伸到文体、民生、法治等领域。就选题而言，其涉及面越广，对生产者主观预判的要求就越高。

第一节

选题预判的原则

新闻选题，指的是新闻报道的主要内容，即所谓的"题材"。选题确立后，记者才会根据选题选择采访对象、报道内容、报道角度等。从活动顺序看，选题的判断是新闻报道活动的起点。从地位来看，选题对于新闻作品的完成有着十分重要的作用。从选题确立这一环节开始，选题便会影响甚至决定新闻作品的可操作性以及完成质量。在传统新闻的报道实践中，掌握选题的判断标准和方法有助于准确、及时地确定选题，是新闻工作者必须具备的基本技能。这一规律同样适用于数据新闻。由于数据新闻生产中选题价值与数据质量是并行的，所以在数据新闻选题价值预判时就要充分考虑数据质量。对于数据新闻的初学者而言，掌握一些数据新闻选题的预判原则是十分必要的。

一、新闻价值优先原则

该原则强调的是处理好可视化和新闻价值之间的关系。很多新闻选题不必通过可视化的方式进行呈现就能发挥最大的价值，因此不能为了做数据新闻而做数据新闻。而一些新闻价值较小的选题即便是有了较为华丽的包装，依然不能产生好的传播效果。在数据新闻制作上，媒体应重视用户体验，避免过度"感性化"，不管是在内容上，还是在形式设计上都要做到"以用户为中心"，了解不同受众的具体需求，生产个性化的数据新闻。

新闻是被生产出来的。在新闻生产中，需要权衡的因素很多，其中新闻选择是整个生产过程中最重要的工作之一。"对现实生活中发生的事实加以鉴别，选出新闻媒介值得传播的事实，这就是新闻选择。"①

具有新闻价值是新闻选择的基本标准，也是选题判断的标准之一。关于新闻价值的要素，目前已经基本形成共识，即新闻价值主要包括重要性、显著性、时新性、接近性、趣味性等。这些内容是所有学习新闻报道的学生都必须掌握的。

相较于传统新闻，数据新闻起步比较晚，是在具备一定技术条件的情况下才逐步发展起来的，所以数据新闻既有脱胎于传统新闻的历史特点，也有自身的优势和特色。但不管技术手段和表现形式如何变化，数据新闻基于新闻选题的基本判断标准不会变，即数据新闻选题的选择仍要以新闻价值为先。"新闻价值是为了解决究竟选择什么事实才会引起公众兴趣这个难题的。"②无论是传统新闻选题，还是数据新闻选题，要把新闻价值作为基本判断标准，关键就是要抓住"共同兴趣"这个规律，即在新闻生产中选择出来的事实和话题要能引起社会大众的关注和共同兴趣。陈力丹在《新闻理论十讲》中所总结的新闻价值的十个要素，可供大家参考。

新闻价值的十个要素：

①事实发生的概率越小，便越有新闻价值。

②事实或状态的不确定性越大，减少不确定性的事实或信息，便越具有新闻价值。

③事实的发生与受众的利益越相关，越具有新闻价值。

④事实的影响力越大、影响面越广、越能立即产生影响力，这三个条件同时存在，便越具有新闻价值。

⑤事实与接受者的心理距离越近，便越具有新闻价值。

⑥越是著名人物，其身上发生的事实越具有新闻价值；越是著名的地点，那里发生的事实也越容易引起关注。

---

① 李良荣. 新闻学概论：第 6 版 [M]. 上海：复旦大学出版社，2018：327.
② 李良荣. 新闻学概论：第 6 版 [M]. 上海：复旦大学出版社，2018：332.

⑦凡是含有冲突的事实，多少都有新闻价值；内含的冲突越大，越具有新闻价值。（冲突的表现形式：竞技、论战、商业竞争、外交斡旋、战争。）

⑧越能表现人的情感的事实（悲欢离合），便越具有新闻价值。

⑨越具有心理替代性的故事性事实，越具有新闻价值。

⑩事实在比较中带有的反差越大，越具有新闻价值。[①]

二、数据与技术支撑原则

（一）要考虑数据能否支撑

数据新闻的选题判断要以新闻价值为先，但不是所有具有新闻价值的选题都适合做成数据新闻。通常，有深度的、调查性的新闻选题比较适合做成数据新闻，因为其直观的展示形式更利于解释说明。而时效性太强的动态事件类选题则不太适合做成数据新闻，因为数据的获取比较难。因此，除了新闻价值的判断标准外，我们还需要了解什么样的选题适合做成数据新闻。

"数据适用于新闻的价值和意义主要遵循两条路径：其一，使用一定量的数据为新闻提供支撑，并以可视化的形式呈现原本仅靠文字所无法呈现的内容。其二，从数据中寻找并发现问题，并进而挖掘出新闻故事。在第一条路径下，使用数据呈现原本仅靠文字所无法呈现的内容是关键。"[②]

"数据新闻是以对数据的采集、分析和呈现为核心内容的，它是一种量化报道方式。从这个角度看，数据新闻的选题必须可以被描述和量化，否则很难从数据的角度进行操作。"[③]

数据新闻需要借助数据来表现主题、讲述事实。"当故事先行时，数据作为一种辅助手段，为新闻叙事提供数据支撑，形成更具说服力的新闻故事。当先有数据时，新闻故事往往来自数据发现，即在数据中发现某些不为人知或超出人们常规认识的东西，从而形成新闻故事。"[④] 在实践中，无论是沿着

---

①　陈力丹. 新闻理论十讲 [M]. 上海：复旦大学出版社，2008：36-45.

②　吴小坤. 数据新闻：理论承递、概念适用与界定维度 [J]. 新闻与传播研究，2017（10）：120-126.

③　方洁. 数据新闻概论：操作理念与案例解析：第 2 版 [M]. 北京：中国人民大学出版社，2019：72.

④　吴小坤. 数据新闻制作简明教程 [M]. 上海：复旦大学出版社，2018：19.

哪种路径，都要借助数据发现问题和讲述事实。因此，数据新闻选题的确立，必须充分考虑数据这一关键因素。

根据数据在此类新闻中起到的支撑作用，选题判断需要遵循如下两点原则：第一，选题可以被描述和量化，可以借助数据进行分析，从而完成新闻事实的讲述。第二，与选题相关的数据要能查找来源，要真实准确，同时具备采集和分析的可操作性。如若缺乏数据，再好的选题也无法实现。

（二）要考虑技术能否支撑

在选题确立过程中，记者除了需要运用新闻发现能力挑选出值得新闻媒介报道的事实和话题，也要找到符合事实的最合适的表达方式。

一个有新闻价值的选题，可能有多个报道角度，也可能有多种呈现手段和表达方式。这个时候，就需要新闻工作者积极思考，选出最合适的、最有表现力的报道角度和表达方式。

数据新闻是那些最适合用数据的手段呈现出来的新闻。从这个特点看，一些有新闻价值的选题可能更适合用传统的报道方式来呈现，而并不适合用数据的报道方式来呈现。比如，用文字手段就能生动表现的事实，就不需要用数据新闻的方式来表达，即不能为"数据"而去做数据新闻。选题判断的一个重要价值在于平衡数据、故事和技术之间的关系。数据新闻作品容易出现一个问题，即太强调技术而忽略新闻背后的意义。对任何一个好的新闻作品来说，思考是非常重要的。不能为了技术而忽略思考，那样会做出缺乏价值的作品。

除了上述数据新闻选题的判断原则和规律外，对于国内媒体而言，选题还必须符合新闻政策，要符合社会主义核心价值观，这些传统新闻选题的基本判断标准同样适用于数据新闻。也就是说，我们在选择数据新闻选题时，既要看到此类新闻与传统新闻的共同点，也要把握住它独有的特点。只有这样，我们才能在数据新闻作品的前期工作中，做出合适的选择和判断。

第二节

获取选题的路径

在明确了数据新闻选题预判原则的基础上，我们可以通过以下三条路径具体确立数据新闻的选题。

一、从新闻热点中寻找选题

数据新闻首先是新闻，因此很多数据新闻选题都来自现实生活中的新闻事件。现实环境的变化往往通过具体的变动的事件呈现出来。人类自从有了传播活动，特别是商业性报刊问世以后，传播者始终把事件作为主要传播内容。而受众接触新闻报道、关注新闻信息，主要也是通过具体的事件，特别是重大突发事件来了解世界的变动，获得有关生存环境变化的信息。有些事件还具备情节性和故事化特点，这也是其吸引受众关注的一大原因。所以，我们首先应考虑的就是紧扣现实状况，牢牢把握热点，从新闻事件中寻找选题。

例如，《15 个小时下了全年 1/3 的雨，这个城市是……》[①] 就是基于重大突发事件而做的数据新闻。

2018 年 7 月 11 日，四川启动了近年来首次 II 级防汛应急响应。四川在线、川报全媒体集群"MORE 大数据工作室"立即抓住这一热点，通过动态图片展现了四川省当日 15 小时的降水全过程，抓取全网关于"四川暴雨"的信息，并绘制了汛情词云图，如图 2.2.1 所示。

---

① 四川在线. 15 个小时下了全年 1/3 的雨，这城市是……[EB/OL]. (2018-07-12)[2021-01-06]. https://cbgc.scol.com.cn/home/85673.

图 2.2.1　2018 年 7 月 11 日四川汛情词云图

对新闻事件的报道也被称作事件性新闻，事件性新闻特别强调新闻的时效性，是以一个独立、完整的新闻事件为主线而进行的新闻报道。具体而言，事件性数据新闻选题的获取可以从以下几个方面入手：

（一）用数据和可视化方式立体呈现新闻事件完整的过程，弥补文字报道的不足

这种操作方式适用于新闻价值外显型事件，往往表现为重大突发新闻，如战争、地震、洪水、重大疫病流行、空难、火灾、气候异常等。这类事件大多持续时间长或影响的地域范围较广，为追求时效性，新闻媒体会用连续报道的形式进行全方位、多角度持续追踪报道。但这种报道方式在新闻 App、微博、微信公众号等新媒体平台上呈现出来的效果是新闻来源分散、事件过程碎片化。受众可以获取事件的最新进展信息，但很难把持续时间长、来源渠道多样的信息拼成事件完整的发展版图或轨迹。

我们可以在事件发展到一个阶段后，以时间为轴，作纵向串联，梳理事件发生和发展的过程。还可以在时间轴线上，横向呈现事件中不同人物、主体的表现，展现消息源的不同侧面，以便受众获得对事件全貌的认知。如澎湃新闻"美数课"报道的《一图看懂美股历史性熔断，最长牛市遭遇"黑色

星期一"》就是这样一篇数据新闻。

（二）打破常规思维，换角度思考问题，用数据方式挖掘事件的多元报道价值

今天的新闻媒体迎来了高度同质化竞争时代，重大事件或有典型意义的事件是各级各类媒体争相报道的对象。运用差异化思维，挖掘事件中不同角度和主体的数据，既能与同类报道形成差异，也能让受众发现隐藏在数据之后的事件多维度的真相。

我们可以以数据为手段解释新闻事件的发生原因，消除受众的疑惑。如B站播客"九磅十五便士"就通过计算机仿真来解答疫情防控期间学校不能开学的原因，以动画形式展现了校园人员聚集带来的疫情防控风险，让普通受众能够直观、快速地获取知识，消除疑惑，如图2.2.2所示。

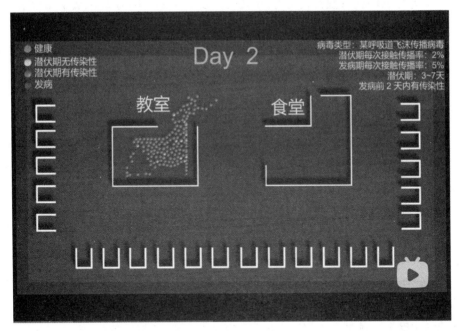

图2.2.2　《计算机仿真模拟疫情防控期间开学可能的后果》视频截图

我们也可以用数据突出事件中的某个单一要素。例如，财新网"数字说"报道的《新冠逝者：数字后不可遗忘的人》便是突出人物要素的数据新闻。

我们还可以用数据准确地呈现围绕重大事件的舆论走向，反映受众意见。如澎湃新闻"美数课"报道的《数说｜停课不停学，目前大规模线上教学反

响如何?》反映了当时受众对大规模线上教学的反响。

此外,通过变换数据的叙述角度,我们还可以呈现切片式效果。

(三)用数据形式实现"旧闻新鲜化",做好节日、纪念日新闻和总结回顾性新闻事件报道

年年都有的节日报道题材(如春节、国庆节、教师节等),纪念日题材(如中国人民抗日战争胜利纪念日等),重大事件回顾性题材(如汶川地震十周年、北京奥运会十周年等),是各大媒体可以预测、适时跟进,但不容易出新出彩的常规题材。我们可以用数据化方式,对这类"旧闻"作新鲜化处理。例如,从历史进程入手,选择纵向角度,对有纪念意义的事件进行时间轴上的梳理,如澎湃新闻"美数课"报道的《历时 40 年,中国的南极科考之路是这样绘成的》。

在进行纵向梳理盘点时,也可以用"以小见大"的方式,从小角度突破,折射大主题,如澎湃新闻"美数课"报道的《数说 2019 热词 | 哪些词能唤起你的年度记忆?》,以及网易"数读"报道的反映特定群体生活状况的《职场人的 2019:加班、领导、薪水……什么让你最"南"》。

二、从现象和问题中挖掘选题

现实生活中还有一类题材也应该是新闻媒体关注的对象,这类题材和事件性报道不同,可能没有明确的行为主体,不像事件一样具备明确的时间节点和空间范围,也没有具体的发生过程,只表现为一些社会问题、社会现象甚至是社会趋向。这种现象型、问题型题材往往处于渐变的状态,如果没有记者的关注和报道,很容易被受众忽视。

对这类题材的报道又被称为非事件性报道。这类报道正逐渐成为新闻媒体进行差异化竞争的主要战场,其原因在于它们大多数来自记者对社会现状的观察和思考,体现了记者强烈的主观意识。记者带着问题意识主动出击,采访,调研,写作非事件性报道,真实反映了被忽视的社会动态和未来趋向,准确地监测了现实环境,也起到了及时预警的作用。

用数据新闻方式报道这类非事件性题材,主要有以下选题挖掘方式:

（一）通过数据对比分析凸显新闻价值

这类题材所涉及的社会问题或自然现象，往往呈现出渐变的特点，而不像事件性新闻尤其是突发性事件，事实要素明确，很容易引起社会关注。我们可以充分挖掘对比性数据，通过与历史状况进行纵向对比，反映问题和现象的变化，如财新网"数字说"报道的《出生人口新低，统计局：生育旺盛期妇女减少 600 万》；也可以通过与类似现实状况横向比较，反映某一领域的现象和问题的特殊性，如网易"数读"报道的《中国创业环境世界 96 位，仍有 9 成富豪白手起家》、财新网"数字说"报道的《中国人酒精消费超全球水平，过年喝酒悠着点》。

（二）运用数据对事象进行量化集中

非事件性报道题材往往涉及范围广，呈现出事象分散化的特点，很难让人看到全貌。正是因为如此，这类题材往往被我们忽视。运用统计数据对分散的事象加以概括和集中，能反映这些社会问题、现象的总体态势，如澎湃新闻"美数课"报道的《分析完 2 万条数据，我们发现海外中餐馆重塑了"中餐"的定义》。

而用总体量化的数据进行分析，还可以揭示日常生活中那些我们司空见惯、习以为常的现实或事物背后奇妙的"景观"。如网易"数读"报道的《大学最容易挂的科目排行，全是泪》《中国人到底有多爱吃火锅》《中国城市的路名，隐藏了多少秘密》，这类选题充分运用数据实现了其新闻价值。

三、从政府信息公开、行业报告、财报、数据调研中挖掘选题

如今，社会信息网络存在不同发布主体、不同层次的数据渠道，都为数据新闻选题提供了丰富的来源。

随着政府部门信息公开工作的推进，各级政府部门均在官方网站或"两微一端"等新媒体平台发布季度、年度统计数据，如 GDP（国内生产总值）、CPI（消费者物价指数）等。这类数据权威性强、可信度高，通常能准确反映国民生活水平、国家发展状况。

行业协会、科研机构、调查咨询机构等发布的调查分析报告，一些非营利组织如世界卫生组织、世界银行等发布的报告或建立的数据库，其内容往

往反映了某个领域的发展状况和未来趋势，如《中国互联网络发展状况统计报告》。

通过上市公司发布的财报（包括季报和年报），我们可以了解一个公司的经营状况，也可以探知其未来发展方向和该行业的发展情况，如阿里巴巴的财报。

此外，新媒体平台上也积累了大量的数据，这些数据样本全，能折射出新媒体平台上的经济运行、电商交易、社交发展等情况，也能折射出更多元的现实状况，如"艺恩电影票房数据""百度搜索风云榜"等。

但是要注意，不是所有渠道发布的数据都可以直接做成数据新闻。我们应该充分挖掘这些报告中有新闻价值的数据，找到其与现实和受众关注的结合点，进而形成数据新闻选题。如网易"数读"报道的《煤炭依赖下的阴影，不只矿难与雾霾》的数据来源于卫健委和环保组织。财新网"数字说"报道的《烟草消费："经济推手"还是"健康杀手"》的核心数据来源于世界卫生组织。以川报全媒体集群"MORE 大数据工作室"的作品《40 年成都速度》为例，该新闻以国网成都供电公司提供的改革开放 40 年来成都的用电情况作为线索，纵向解读了成都 40 年来的发展脉络。

【案例剖析二】

数据新闻优先考量的必定是新闻价值

在制作数据新闻的过程中，我们往往为三种情况所困：一是没有数据；二是数据逻辑不清晰，非结构化；三是数据纷繁复杂，不知如何聚焦到中心话题。针对第二种情况，我们以《从外卖订单增速看成都复苏速度"报复性消费"或从奶茶开始》和《从天府之国到东方之珠，大数据描绘川港交流全景》为例，针对"感觉"数据非结构化和数据确实比较零散的情况，进行实操经验的总结。

有时我们"感觉"数据结构化程度不理想，也可能是假象。随着可视化技术水平的提升，数据新闻生产难免有一个阶段会陷入追求更新、更复杂、更高级的技术流"死胡同"中。这个"死胡同"就是对于不能支撑工程级可视化的数据，都认为其是非结构化数据。这里要提醒大家，不要因为走得太远而忘记为什么出发，数据新闻首先要考虑的是新闻价值。

　　例如："从 2 月 10 日开始的复工 3 周时间里，第 3 周复工外卖商户数环比第 2 周提高了 34.5％，外卖订单量则环比增长 26.8％。"看似一句平平无奇的文案，做成数据新闻后，在《从外卖订单增速看成都复苏速度"报复性消费"或从奶茶开始》中，则如例图 2.1 所示。

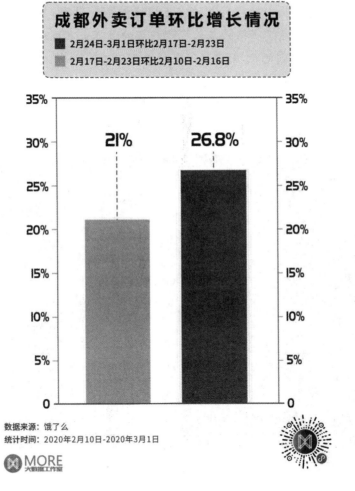

例图 2.1　关于成都外卖订单环比增长情况的数据新闻截图

　　由此可见，只要解读数据到位，不一定非要大体量的复杂图表才能支撑文章需要。看似结构化程度不够的轻体量数据一样可以说明观点和趋势，同样具有新闻价值。

　　"数据结构化"确实不理想时，该怎么办呢？——拆分。数据是灰色的，但是逻辑之树常青。当数据无法支撑全景、全时的数据可视化时，可将数据拆分成若干点来支撑表达需要。例如在 2018 年 5 月 10 日，香港特区行政长官林郑月娥率领超过 90 人的代表团访问四川之际，川报全媒体集群"MORE 大数据工作室"策划了《从天府之国到东方之珠，大数据描绘川港交流全景》的数据新闻。在选题策划之初，工作室自然是希望建立一条具有历史纵深感的时间轴，在时间轴上针对交流的重点内容做全景展现。但由于事前并未建立相关数据库，自然没有格式与长度都规范的数据来实现理想的表达。于是，工作室根据所能拿到的数据，联合省商务厅、公安厅等政府单位，飞常准、携程旅行网等商业网站，以及大数据工作室"爱码士小组"的爬虫工程师，抓取、整理了近 40 组数据，以经济、旅游、餐饮、演出为主题，将川港交流中充满韵味的景象呈现出来，如例图 2.2～2.4 所示。

例图 2.2　经济情况

例图 2.3　旅游情况

综上所述，在策划及制作数据新闻时，应优先考量的是新闻价值，而非数据结构化程度。就算是遇到数据相对零散的情况，也可以通过简化观察维度、综合其他数据等方式来围绕具有新闻价值的主题进行生产。

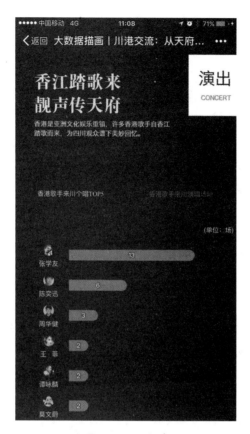

例图 2.4 演出情况

（高敬）

【案例剖析三】

与新闻热点相贴近，寻找数据新闻选题

——以《关于四川门面担当 PANDA 君，你不可不知道的数》为例

数据筑骨架，文字生血肉。在叙事上数据新闻与传统新闻有很多共通之处，但数据新闻的叙事逻辑和叙事方式都需考虑其主体内容——数据。用数据讲故事，既要做到用数字说话，又要避免数字运用过于生硬而让故事显得呆板、模式化。那么，数据新闻如何通过数据讲故事？在接下来的内容里，笔者将通过案例为大家一一讲解。

1. 好故事的前提——选题

好选题是获得受众关注的第一步。选题选好了，报道就成功了一半。好的选题，对数据新闻也很重要。数据新闻分为两类：一类是先有数据，再以数据新闻中的新闻点来确定选题；另一类是先有选题大致方向，再确定是否有数据和可操作性。

众所周知，熊猫是国宝，也是四川的重要名片，自带热度和话题度。《关于四川门面担当 PANDA 君，你不可不知道的数》就是先确定选题后搜集数据的典型案例。选题本身"蹭"了熊猫的热度，此外在发布时间上紧随当月在成都召开的大熊猫保护与繁育国际大会，所以无论是从话题还是从发布时间点来看，关注度都有了保障。好的选题，除了新闻价值外，紧随热点也很重要。

2. 如何用数据讲故事

用数据新闻讲故事，是将抽象的数据具象化，挖掘数据之间的相关性及数据背后的意义。数据成为故事的主体后，除了传统新闻写法中常用的围绕前因后果来讲述外，还要立足于数据角度，从不同维度来呈现故事。

要用数据讲好故事，首先要明确选题的思路。即应先确定，是单纯呈现信息量，做数据可视化呈现，还是要调查数据背后的问题，利用数据做解释性报道。《关于四川门面担当 PANDA 君，你不可不知道的数》属于第一种。但是呈现信息量并不代表内容和数据脱节，这时候仍需要遵循内容逻辑来进行写作。

例图 3.1　《关于四川门面担当 PANDA 君，你不可不知道的数》封面图

在数据新闻写作中，选题起点和落点很重要。一说到熊猫，大家的印象一定是国宝、濒危动物、萌。但通过数据可以发现，熊猫已经脱离了濒危动物行列，而且"萌萌"的熊猫曾担负过很多"正经"的使命，比如"熊猫外交"是大多数读者不知道却又很有意思的点。笔者将选题的起点落在了熊猫作为动物的自然属性上。但着墨最多，也是信息图重点的部分则放在了熊猫作为"门面担当"曾多次担当"友好使者"，现今成为川港交流的友谊象征这一社会属性上，通过数据对题目中四川"门面担当"熊猫做了最好的答疑。简洁轻快的文字连接起故事，配合带有熊猫元素的数据图表，便能使读者快速、轻松地了解熊猫文化。

3. 设计配合故事，轻量化阅读

数据可视化，是数据新闻设计的基本手段。在融媒体时代，数据新闻的呈现方式花样百出，常见的有信息图表、交互 H5、漫画、短视频等。技术越炫酷就一定越好吗？答案是不一定！就像穿鞋，适合的才是最好的。

《关于四川门面担当 PANDA 君，你不可不知道的数》选择了信息图这种呈现方式，一是为了时效性（信息图相对于交互 H5 制作周期更短），二是因为信息图足以清晰表达重要信息。地图、柱状图等配以熊猫的卡通形象，中间穿插简单的文字引导，通过一幅图展示熊猫的前世今生和对外交流地位，既吸睛，又易读。随着一镜到底、条漫越来越受欢迎，这类信息图在数据新闻中的运用也成为常态，无论是阅读还是传播，都更方便。

（黄爱林）

第三讲

如何进行数据分析

作为驱动力，全面渗透的数据技术推动新闻业态发生了质和量的飞跃。中国信息通信研究院发布的《大数据白皮书（2020年）》指出，全球数据量仍在飞速增长的阶段，到2035年，全球数据产生量将达到2142ZB[①]。中国已迈入新数据时代，海量、多元和非结构化将成为新数据时代的常态。我们所面临的数据环境将更加复杂、多样，数据将从单一内部小数据形态向多元动态大数据形态发展，大量文本、图片、视频等非结构化数据将被生产和存储。

第一节

获取数据的途径

作为数据新闻生产流程的起点，从何处获取数据，成为摆在数据新闻生产者面前的首要问题。获取数据的方法和质量，在很大程度上决定了数据新闻可视化的最终效果。对一名数据新闻记者而言，数据可以说是最为重要的新闻源或者"新闻现场"。总结起来，我们大致可以通过以下几个途径有针对性地查找数据。

一、开放数据的获取

（一）政府部门的开放数据

纵观数据新闻制作较为成熟的国家，数据开放是其共同特点之一。从国际社会来看，近年来在全球范围内蓬勃兴起的"数据开放运动"，让更多过去不对公众开放的数据呈现在公众面前。2009年美国创立了专门网站，向公民开放涵盖农业、商业、气候、消费、教育、能源等在内的十余个领域，提供数据资源、研究工具和数据可视化等一站式服务。随后，澳大利亚、新西兰、中国等也先后成立了政府数据网站。数据开放的价值在于可以推进社会对数据进行创新性应用。

---

① ZB 为字节计量单位，1 ZB＝10^{12} GB

1. 我国公共数据开放情况

目前，我国多个相关部门的官方网站均有权威数据发布，以供民众查询，如生态环境部、国家统计局、人力资源和社会保障部、财政部、教育部、交通运输部、中国气象局、中国地震局、国家市场监督管理总局、中国互联网络信息中心、国家卫生健康委员会等官方网站以及由中国医学科学院建立的国家人口与健康科学数据共享平台等。例如国家数据（https://data.stats.gov.cn）是国家统计局发布统计信息的网站，包含了我国经济、民生、农业、工业、运输、旅游、教育、科技、卫生等多个方面的数据，并且在月度、季度、年度都有覆盖，较为全面和权威。

图 3.1.1　国家数据网

近年来，一些官网上也开辟了数据分析栏目，比如中国天气网的气象数据可视化工作室开设了"数据会说话"专栏，用可视化的手段将整理好的特定数据分享出来。如《30秒看完中国64年气温变化历程 北方比南方变暖明显》这则数据新闻很有趣味，也很有价值，吸引了不少网友。

公共数据开放已成为推动我国数字化发展、建设数字政府的重要内容。中国社会科学院法学研究所自2010年发布《中国地方政府透明度年度报告（2009）》以来，已连续发布十部《中国政府透明度指数报告》，成为全程跟踪、记录、促进中国政务公开工作和透明政府建设工作的重要载体。

2. 政务信息开放平台建设

随着 2015 年 9 月《促进大数据发展行动纲要》的发布，我国数据开放工作大踏步进入人们的视线。该纲要以目标的形式明确提出 2018 年底前建成国家政府数据统一开放平台。

2017 年 5 月，国务院办公厅在《政务信息系统整合共享实施方案》中提出，要加快公共数据开放网站建设。自此，全国地级及以上政府相继推出数据开放平台，截至 2021 年 10 月全国已有 193 个。政府数据开放平台已成为一个地方数字政府建设的标配。如成都市公共数据开放平台（http://www.cddata.gov.cn/oportal/index）截至 2021 年底开放目录 3216 个，开放数据集 6046 个，部门 61 个，区县 23 个，数据 1.57 亿条，数据文件 15263 个。

图 3.1.2　成都市公共数据开放平台

（二）其他机构的开放数据平台

一些营利或非营利机构建设的网站，也会提供某些领域的数据，如搜数网、中国统计信息网等。这些机构在常年的工作中积累了大量的工作文件，这些文件也包含了大量有价值的数据信息，这些数据通常都是公开的。国内的数据获取平台有：阿里研究院、腾讯研究院、企鹅智库、第一财经商业数据中心、艾瑞咨询、易观数据、克而瑞（房地产数据）、中国经济信息网、移动观象台、36氪、艺恩票房等。

国外的数据获取平台有：欧盟统计局、世界银行统计数据、世界卫生组织、国际货币基金组织、全球经济数据库、经济合作与发展组织数据库、世界经济论坛、联合国环境署下的无现金联盟、联合国儿童基金会（妇女和儿童数据）、皮尤研究中心、经济学人智库、尼尔森数据、毕马威会计师事务所、普华永道会计师事务所、麦肯锡咨询公司等。

（三）政务信息数据的申请

一些用于数据新闻的数据并不能从公开渠道获取，而必须向政府部门申请。媒体在这个过程中采集的数据构成了媒体专属的"原创数据集"，它使媒体的数据报道更加个性化。

1. 信息权与政府信息公开

"信息权"是已被国际上承认的一项基本人权。信息权在早期被视为一项保持社会中信息自由流动的权利。1946年联合国第一次会议通过的第59号决议中声明："信息自由是一项基本人权，而且……是检测被联合国视为神圣的所有自由权利的试金石。"1966年联合国大会通过了《公民权利和政治权利国际公约》这一具有法律约束力的条约，进一步肯定了信息权。

新闻记者以及媒体机构正在全球范围内逐步成为申请政府信息公开的主要力量。以我国食品安全突发事件为例，在三鹿奶粉事件、瘦肉精事件等发生后，记者及媒体都曾大量向政府部门申请信息公开。这推动了我国"公开为常态，不公开为例外"的政府信息公开原则的确立。

2. 如何申请政府信息公开

媒体记者可以公民个人或媒体机构的身份申请政府信息公开，申请程序一般包括以下几步：

①明确所需的数据属于哪级政府部门或机构的管辖范畴，并明确这些数据属于哪个具体的政府部门或机构的业务管辖范畴。

②如果所需的数据属于中央级政府管辖范畴，是国家数据，则可以登录相应的国务院各部委、直属机构、直属事业单位或国务院部委管理的国家局所设立的网站来进行申请。如果所需的数据属于各级地方政府管辖范畴，属于地方数据，则需登录具体的地方政府政务公开网站进行申请。

③登录相应的政务公开网站之后，首先可点击首页的"信息公开"或"政府信息公开"频道，了解所需的数据是否属于公开信息的范畴。以国务院国有资产监督管理委员会（简称"国资委"）网站为例，登录该网站后，在首页的政务公开频道中点击进入信息公开栏目，就可以了解国资委的信息公开范围和申请信息公开的方法，如图 3.1.1 所示。

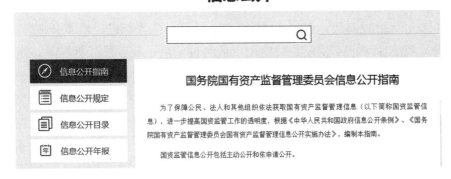

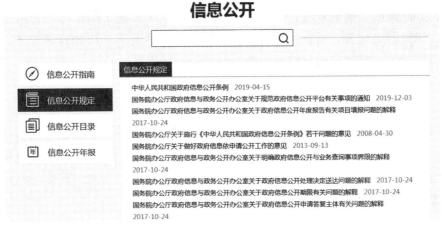

图 3.1.3 国务院国有资产监督管理委员会网站截图

④根据所登录政府部门网站中的"信息公开指南"，下载各部门的信息公开申请表，以对应部门规定的方式提交申请后就只需等待政府部门的回复即可。《中华人民共和国政府信息公开条例》规定："行政机关不能当场答复的，

应当自收到申请之日起 15 个工作日内予以答复；如需延长答复期限的，应当经政府信息公开工作机构负责人同意，并告知申请人，延长答复的期限最长不得超过 15 个工作日。"

二、公开数据的采集

通常，搜索引擎是人们面临信息检索需求时的第一选择。如果选定的数据新闻选题恰好没有可用数据库，也没有相关组织的公开数据，那首选的做法当然是利用搜索引擎进行数据采集。

身处大数据时代，现代人类的学习、生活、工作都已经离不开搜索引擎。如今，搜索引擎已不仅仅是帮助用户从海量信息中找到结果的工具，更是一种互联网服务。搜索引擎已成为一个数据工厂，通过挖掘网络大数据、有价值的结构化信息，加速信息流动，为用户提供更多服务以及更高价值。

我们从信息匮乏的时代一下子走到了信息极其丰富的今天，困扰我们的问题往往不是信息太少，而是太多，多得让人无从分辨、无从选择。因此，选择一个能够自动在互联网上抓取、挖掘数据，并自动分拣、分析的工具有非常重要的意义。

对于搜索引擎数据的采集主要采用"网络爬虫方法"。该方法包括三个模块：数据提取、数据管理、数据存储。网络爬虫方法是指采用 Python 等编程语言编写网络爬虫，抓取网页信息。其优点是开源免费、可操作弹性大，缺点是需学习编程并且编写爬虫较费时间。

（一）数据提取

数据提取是对各种来源（如射频识别数据、传感器数据、移动互联网数据、社交网络数据等）的非结构化数据进行全自动化采集，如借助网络爬虫或网站 API（应用程序接口）从网页获取非结构化数据，并将其统一结构化为本地数据。

（二）数据管理

完成数据提取后，可借助网络大数据采集平台合并各种来源的数据，构建复杂的连接和聚合。针对非结构化、半结构化数据的特殊性，在爬取完数据后还需要对采集的原始数据进行"清洗、归类、注释、关联、映射"等一系列操作，将分散、凌乱、标准不统一的数据整合到一起，提高数据的质量，为后期数据分析奠定基础。

（三）数据储存

网络大数据采集平台在获得所需的数据并将其分解为有用的组件之后，通过可扩展的方法将所有数据存储在数据库或集群中，然后创建一个允许用户及时查找或提取相关数据集的功能。

除此之外，还可用采集器抓取网页信息，比如"八爪鱼""火车头"等网页采集器，如图 3.1.2 所示。其优点是上手极快，无须学习编程，可导出为csv、txt、xlsx 等多种格式，缺点对某些采用异步 Ajax 技术的网页无法全面采集。

图 3.1.4　"八爪鱼"网站截图

三、通过调查和"众包"获取数据

（一）实施问卷调查

问卷调查是新闻传播专业一种重要的研究方法，同时也是媒体获取资料的一大途径。问卷调查是一种常用的收集数据的基本方法，看上去比较简单，其实不然。好的问卷是不容易设计的，从目标人群获取足够数量的反馈则更加困难。但只要操作正确，要从大量分散的受众中获得数据，没有什么方法比问卷调查更有效率。

问卷调查提供了一种能够准确评估事件是否真实以及意见是否广泛、可靠的方法。问卷简短，才能保证被调查者愿意回答，并可以大大简化调查后的数据分析工作。如果有必要，可先在小范围内进行试测，后根据反馈修改问卷中的问题，再开展大规模问卷调查，以避免收集大量的无用信息。

除非受过统计分析训练，否则在问卷调查的各个阶段，必须要有专家的支持和指导。不好的问卷调查最常产生的结果是：收集了一大堆数据，但这些数据毫无用处。所以，问卷调查必须从以下问题着手：你想知道什么？得到了想知道的信息后如何利用这一信息？

1. 问卷调查的基本步骤

问卷调查大致有七个步骤：第一步，根据调查目的与假设，收集所需资料；第二步，研究问卷形式，可以从时间、调查范围、调查对象、分析方法和解释方法等方面考虑；第三步，列出标题和各部分项目；第四步，征求意见，修订项目；第五步，试测，以 30～50 人为试测样本，求出信度、效度；第六步，进行项目分析，重新修订；第七步，正式调查。

2. 问卷设计

问卷通常由卷首语、指导语、主体等部分组成。卷首语包括以下内容：自我介绍（让被调查者明白调查者的身份或调查的主办单位）；调查的目的（让被调查者了解调查者想调查什么）；回收问卷的时间、方式及其他事项（如告诉被调查者本次调查的匿名性和保密性原则，调查不会对被调查者产生不利的影响，真诚地感谢被调查者的合作，答卷的注意事项等）。指导语旨在告诉被调查者如何填写问卷，包括对某种定义、标题的限定以及示范举例等内容。问卷的主体，即问题，一般有开放式和封闭式两种。以下主要对问卷主体部分进行介绍。

（1）开放式问题

开放式问题即调查者不提供任何可供选择的答案，由被调查者自由答题。这类问题能充分获取被调查者的观点、态度，因而所获得的材料比较丰富、生动，但统计和处理所获得的信息的难度较大。开放式问题可分为填空式和问答式。

（2）封闭式问题

封闭式问题即在提问的同时提供调查者设计的几种答案，让被调查者根据自己的实际情况在答案中做出选择。这些答案既可能相互排斥，也可能彼此共存。这是一种快速、有效的调查问卷设计方式，便于统计分析，但备选答案本身限制了回答问题的范围和方式。这类问卷所获得的信息的价值很大程度上取决于问卷设计的科学性、全面性。封闭式问题又可分为：是否式（每个问题后列出两种相矛盾的答案，请被调查者选择其一，有"是"或"否"、"同意"或"不同意"等形式）、选择式（每个问题后列出多个答案，请被调查者选择自己认为最合适的一个或几个答案）、评判式（每个问题后列有许多个答案，请被调查者依据其重要性给出评分）。

3. 问卷设计应注意的问题

为了提高问卷的信度和效度，设计问卷时需要注意以下问题：

①问卷中所提的问题，应围绕研究目的来编制，力求简单、明了，含义准确，不要出现双关语，避免片面和暗示性的语言。

②问题不要超过被调查者的知识、能力范围。

③问题排列要有一定的逻辑，层次分明。对问卷的目的、内容、数据、卷面安排、标准答案等都要认真地推敲和设计。

④调查表上应有供人填写答案的足够空间，非匿名调查应有填写被调查单位名称、填表人姓名和填表时间的栏目。

⑤提问形式可以采用封闭式和开放式相结合。问题数量要适度，一般应控制在 30 个以内，最好能让填表人在 20 分钟内答完。

⑥为使调查结果更为客观、真实，问卷最好采用匿名回答，问卷的内容要符合实际情况。一般来说，设计问卷前要摸底，设计出问卷后要对组内全体成员开展问卷调查的培训，并在小范围内进行试测，反复修改问卷，以期与实际情况相符合，并便于对结果进行处理。

（二）"众包"数据的采集

除了媒体人员主动索取和采集数据，还有一些数据新闻选题涉及与互联网用户直接相关的话题，这类数据分布地域广泛，获取难度大，这时可以运用新闻业新兴的"众包"（UGC）方式来获取数据。

1. "众包"的定义及其在新闻业中的应用

"众包"指企业或机构通过公开招募的方式将工作外包给非特定的个人或团队，而不是像以往一样依靠雇员完成。"众包"的形成有赖于公开招募形式的运用，以及存在大量有能力完成此项工作的潜在劳动力。在新闻界，媒体的"众包"尝试首先是推出一些公民记者的报道平台，将公民记者吸纳进内容生产环节。

"众包"生产，属于新闻的社会化生产，是未来新闻生产的一大趋势。数据新闻因其自身特点更便于"众包"生产。媒体可以向用户开放报道项目，鼓励用户参与数据新闻制作，也可以在报道完成后，鼓励用户从中发现问题或者提供新的线索，还可以对用户进行培训，帮助其获得制作数据新闻的技巧与能力。英国《卫报》在调查议员花销的项目中，因为需要处理45万个文件且时间又很紧急，于是让读者帮忙录入数据。在这个过程中，《卫报》得到了大量的线报，以及比数据本身更多的背后故事。巴西的一个公民媒体项目"珍纽瑞亚之友"为加强对当地政府的监督，甚至还培训了一批公民记者，鼓励公民记者们掌握其所在地点的数据，并将这些数据转化成新闻报道。

2. 用"众包"方式采集数据的步骤

媒体用"众包"方式采集数据的步骤一般包含三步：第一步是发出任务邀请函；第二步是等待用户反馈；第三步是统计分析用户提供的内容，制作数据新闻。"众包"数据新闻除非遭遇缺乏回应的难题，否则都应该将采集的数据制作成报道，而不能戛然而止。

"众包"的任务邀请函是媒体发给用户的"众包"任务书，旨在号召用户参与"众包"。从用户的角度来讲，这份邀请函是其获知"众包"任务且决定是否参与的重要信息来源。撰写任务邀请函的基本要点有三：

①标题应吸引用户对话题的关注。标题多以疑问的形式提出，用问题唤起用户关注。这就需要考虑到用户的需求。

②提要部分应直接陈述报道目的。除了最醒目的标题之外，提要应对报

道进行简要概括，在标题的基础上进一步说明报道目的。

③主体部分应交代报道背景、说明报道价值、明确需求的内容、给予用户指导。

3. 发起"众包"采集数据的局限

①选题受限。一般而言，"众包"新闻多以呈现分布较广的不同地域的整体状况和差异性为特征。它适合以"面"的铺陈为报道目的，而非以"点"的挖掘为报道目的的新闻选题；它适合呈现一个话题基于地域的多样性表现，但难以呈现话题本身的历时性延展；它适合收集与公众利益相关、相对直观的数据，但在报道专业问题和收集权威数据时则难以显现其优势。

②数据受限。由于选题的限制，以"众包"方式采集的数据也有局限。首先体现为数据采集的效果不稳定，从发布任务书到获得数据，这个过程具有不确定性，可能几周内也无人关注。其次体现为获取的数据质量良莠不齐、分布不均。由于公众提供的数据具有个性化和多元化的特点，将之形成完整和统一的数据集是一个难题。

③呈现受限。由于选题和数据都存在局限，"众包"新闻的呈现方式较为单一，多以"地图"方式呈现。如何丰富其呈现形态，是对记者、编辑的一大考验。

第二节

采集数据的原则

制作数据新闻的第一步是明确目的或需求，即为什么要制作这则数据新闻，需要用数据分析结果解决什么问题。这通常是和获取的数据与选题的匹配度紧密相关的。不同应用领域的数据特点、体量以及用户群体均不相同，相应的数据源的物理性质及数据分析的目标就不同，采取的数据采集方法也不尽相同。此外，不同性质的媒体、不同的选题方向、不同的报道时机对数据获取渠道和类型的需求是不一样的。为确保在数据获取上不偏离方向、不绕远路，我们要注意如下原则。

一、明确采集目的——保证根据产品目的选择恰当数据渠道和类型的原则

采集数据一定要明确采集目的，即带着问题搜集数据，这样才会更高效、更有针对性。这就要从产品目的出发考虑数据的渠道和类型。不同的发布平台、不同的选题对数据来源的要求有所不同。比如时政类的数据新闻中，数据必须是由官方机构或其合作机构提供的，类型更倾向于统计型指数。相对而言，非时政类数据新闻的数据渠道和类型则可以广泛些。如川报全媒体集群"MORE 大数据工作室"针对成渝双城经济圈建设情况制作的《建好"成渝地区双城经济圈"川渝"后浪"期待相当高》，旨在了解普通民众对于该政策的看法。工作室联合重报大数据研究院、西南财经大学中国西部经济研究中心，通过在川渝两地党媒新媒体平台发布问卷开展调查，引发川渝两地 13 万网民参与话题讨论、转发和问卷填写。

获取数据的能力是互联网时代的一种基本能力。大数据时代的数据资源异常丰富和庞大，转换一种思维，就可以收获不一样的数据。在数据新闻行业，每个机构所倾向的渠道不尽相同。但对于新闻工作者而言，只有尽量多地去认知和尝试，才会发现更多适合自己的数据获取方式和方法。

二、从满足分析需求入手——保证考量多维度数据以便增强数据公信力的原则

数据新闻的生产，并非基于主体的经验和直觉，而是基于数据和分析。武汉大学镝次元数据传媒实验室创始人王琼认为，数据新闻的重要性在于：在不缺失个体的同时，能更宏观地把真实的世界呈现在人们面前。数据新闻更有可能呈现真相，而不仅是事实。这也是数据新闻的魅力所在。客观世界的真实应该是有维度的，而不是片面的。因此在获取数据的过程中要关注数据的多维性，增强其公信力。但另一方面，从新闻叙事的角度来看，全面新闻报道的缺陷是缺乏叙事重点，所以获取数据的多维度是以满足数据新闻产品分析需求为要。

三、核查数据来源——保证数据合法性与真实性的原则

核查数据来源，从源头保障数据的合法性与真实性是数据新闻生产的基石。站在现代社会信息化风口上，数据成为社会进步的重要推动力，成为掌握竞争优势的重要因素。随着国家大数据战略的加速落地，我国的大数据产业也呈现出爆发式增长态势。凭借大数据的开放性和整合性，数据化社会已然形成。这对于数据新闻工作者来讲是个喜忧参半的事：一方面，数据的获取渠道越来越丰富，公开程度越来越高，有利于数据新闻的生产；另一方面，个人数据的开放将对个人隐私造成严重的侵犯，大数据价值密度低的特征和互联网公司数据造假的现象加大了数据获取和清洗的难度。因此，大数据同样是一把双刃剑。从来源上看，数据可以分为原始数据、间接数据。原始数据是直接获取的数据，其合法性和真实性都是有人把关的。但间接数据是在别人调查的基础上取得的，数据是显性的，但获取渠道、调查目的、调查方式方法是隐性的，这样的数据首先就在合法性和真实性上存疑。

如何核查？按照网易"数读"栏目的经验，可在"数据来源"变量中确定数据来源的数量、数据来源的描述、数据来源的机构三个从属指标。数据来源的数量可以分为"无""一个""多个"。数据来源的描述可以分为"没有提供数据来源""给出了数据来源的范围但读者无法获取""可以通过描述找到具体来源"。数据来源的机构可以分为"无""国内政府机构""国内非政府机构""国外政府机构""国外非政府机构""混合型（由跨类型机构合作或者采编人员采纳跨类型数据）""自采型（调研数据）"。①

从统计学的角度来看，从源头上保障数据的合法性与真实性能够较好地解决数据分析信度与效度的问题。

四、采集权威数据——保证数据准确性与及时性的原则

数据质量和数据开放程度都是制约数据新闻发展的重要因素。与数据质量相关的是数据的及时性与准确性。

相对于传统新闻，数据新闻的及时性虽然差一些，但作为新闻，仍应尽可

---

① 章静怡. 网易"数读"栏目数据新闻的真实性研究 [J]. 今传媒，2018（3）：79.

能保持"新鲜"。如果数据分析周期和数据建立的时间过长，就可能导致分析得出的结论失去了借鉴意义。在自主采集 Web 数据时，基本是采用网络爬虫方式进行收集，这就需要对爬虫软件进行时间设置以保障获取数据的及时性。在公开数据的获取上首先要看的就是及时性，否则再准确的数据也不能要。

当前我国公开数据的获取可以通过数据库、公开出版物、互联网等途径实现。无论是哪一种途径，要为我所"用"必须为我所"知"。"知"不仅是知晓数据，还包括知晓数据来源的权威性。权威机构提供的数据往往更准确。

第三节

数据处理与分析

作为大数据的基础学科之一，统计学给数据处理与分析提供了理论依据。数据分析指用适当的统计分析方法对收集来的大量数据进行分析，并对它们加以汇总和理解，以求最大化地开发数据的功能，发挥数据的作用。[①]

进行数据分析的目的是提高数据的质量、挖掘数据的价值特征。数据新闻生产过程中的数据分析，从宏观来讲就是把隐藏在杂乱无章的海量数据中的信息集中、提炼出来，从而找出报道对象的内在规律，发现新闻点。这是进行数据新闻可视化的前提条件。中国人民大学的方洁提出了"编辑室里的数据分析"的概念："新闻编辑室里的数据分析是指从新闻报道目标出发，对收集来的数据进行汇总、清理，并采用适当的方法对数据做不同维度的计算和解读，以求最大化地提炼数据背后的信息，揭示报道对象的内在规律。"[②]本节我们将借用"编辑室里的数据分析"的思路，对数据处理和数据分析进行介绍。

① 陶皖. 云计算与大数据［M］. 西安：西安电子科技大学出版社，2017：44.
② 方洁. 数据新闻概论［M］. 2 版. 北京：人民大学出版社，2019：126.

一、数据处理

《图表会说话：Excel数据可视化之美》一书的作者若热·卡蒙伊斯（Jorge Camões）建议大家把70%的时间用在减少错误、构建数据、确保概念正确等工作上，因为数据质量是保障数据应用的基础。为了不让错误的数据进入运算过程，为了让数据更适合被挖掘，在获得数据后必须对其进行一定的处理。数据新闻编辑过程中的数据处理的关键在于从海量的、无序的、抽象的原始数据中抽取并推导出对新闻选题有价值、有意义的数据。简而言之，数据处理就是将数据转换成有效信息的过程。对获取的原始数据进行归类、导入、储存、建模、清理是非常复杂的工作，因为数据是冰冷的，要让数据变得有"温度"需要主体的赋能。

（一）使用Excel存储数据

从获取数据开始，就进入到数据新闻生产的实质性阶段。此时虽然具备一定量的数据，但通常是不规范的，其准确性、完整性、一致性和及时性都是不完备的。因此必须对各种形式、各种来源的原始数据进行相应的处理，才能得到标准、干净、连续的数据。

数据处理的第一步是将这些来自各种渠道的数据导入Excel。如果是其他格式的数据（csv、txt等），可以通过Excel中"固定符号"或"固定宽度"两种方法进行导入。将这些来自前端的数据导入一个集中的大型分布式数据库，或者分布式存储集群，从操作上讲，就是对数据进行抽取和集成，从原始数据中提取出关系和实体，经过关联和聚合等操作，最后按照统一定义的格式对数据进行存储。常用的方法是将数据录入Excel中，并且可以在导入的基础上做一些简单的清洗和预处理工作。

1. 数据抽取

在Excel中，数据抽取的最终目的是处理成"数据清单"格式（比日常办公格式严格，不允许"合并单元格"的操作）。所谓"数据清单"可以简记为"列唯一，行唯一，首行字段名"。这三项标准是指Excel每一列的数据类型和格式完全相同，每一行的数据都是唯一的，首行必须是唯一的字段名。其对应概念是结构化数据库的设置，但是不需要像数据库一样进行字段间关联处理，所以对于常见的数据类型，在Excel中都可以轻松处理。

以四川省统计局官网发布的 2018 年统计年鉴中四川各市（州）地区生产总值数据为例，该页面提供 HTML 和 Excel 两种格式的数据，我们选择下载 Excel 数据。原始数据如图 3.3.1 所示。

市(州)	Region	2010	2011	2012	2013	2014	2015	2016	2017
成都市	Chengdu	5551.33	6950.58	8138.94	9108.89	10056.59	10801.16	12170.23	13889.39
自贡市	Zigong	647.73	780.36	884.80	1001.60	1073.40	1143.11	1234.56	1312.07
攀枝花市	Panzhihua	523.99	645.66	740.03	800.88	870.85	925.18	1014.68	1144.25
泸州市	Luzhou	714.79	900.87	1030.45	1140.48	1259.73	1353.41	1481.91	1596.21
德阳市	Deyang	921.27	1137.45	1280.20	1395.94	1515.65	1605.06	1752.45	1960.55
绵阳市	Mianyang	960.22	1189.11	1346.42	1455.12	1579.89	1700.33	1830.42	2074.75
广元市	Guangyuan	321.87	403.54	468.66	518.75	566.19	605.43	660.01	732.12
遂宁市	Suining	491.50	582.47	656.00	736.61	809.55	915.81	1008.45	1138.06
内江市	Neijiang	690.28	854.68	978.18	1069.34	1156.77	1198.58	1297.67	1332.09
乐山市	Leshan	743.92	910.66	1037.75	1134.79	1207.59	1301.23	1406.58	1507.79
南充市	Nanchong	827.82	1029.48	1180.36	1328.55	1432.02	1516.20	1651.40	1827.93
眉山市	Meishan	552.25	673.34	775.22	860.04	944.89	1029.86	1117.23	1183.35
宜宾市	Yibin	870.85	1091.18	1242.76	1342.89	1443.81	1525.90	1653.05	1847.23
广安市	Guangan	537.22	659.90	752.22	835.14	919.61	1005.61	1078.62	1173.79
达州市	Dazhou	819.20	1011.83	1135.46	1245.41	1347.83	1350.76	1447.08	1583.94
雅安市	Yaan	286.54	350.13	398.05	417.97	462.41	502.58	545.33	602.77
巴中市	Bazhong	264.98	326.67	372.40	415.94	456.66	501.34	544.66	601.44
资阳市	Ziyang	657.90	836.44	984.72	1092.36	1195.60	1270.38	943.44	1022.21
阿坝藏族羌族自治州	Aba	132.76	168.48	203.74	233.99	247.79	265.04	281.32	295.16
甘孜藏族自治州	Ganzi	122.83	152.22	175.02	201.22	206.81	213.04	229.80	261.50
凉山彝族自治州	Liangshan	784.19	1000.13	1122.67	1214.40	1314.30	1314.84	1403.92	1480.91

注：本表按当年价格计算。
a) The data in this table are calculated at current prices.

图 3.3.1　四川各市（州）地区生产总值（原始数据）

然后，将其设置为便于分析的"数据清单"格式，操作步骤如下：

第一步：打开"四川各市（州）地区生产总值"工作表，删除第 1、2、3、4、5、7 行数据。

第二步：删除数据下方的备注行。

第三步：单击"开始"选项卡中的"套用表格格式"，如图 3.3.2 所示。套用任一样式，一键实现字段标题的识别、首行的冻结，使 Excel 直接识别表中的数据字段。

图 3.3.2　套用表格格式

2. 数据集成

如果数据来自不同渠道，需要集合到一起来分析，则需要数据集成。例如，想调查收入与生活满意度的关系，就需要通过商业调查机构得到各省的生活满意度数据和通过国家统计局得到各省人均收入数据，再通过"地区"的匹配进行集成。

在 Excel 中，要匹配数据行数一致、格式统一的两张工作表，可以通过排序、复制、粘贴等指令来完成。现实中要整合大量行数不一致的数据，则需要用 VLOOKUP 函数去匹配。该思路可以类比为：某规模为 100 人的公司的工资发放，公司需提供 100 个员工的个人信息去与银行数据库系统中数以万计的银行卡信息进行匹配，以保证资金的准确到账。以上操作需要依靠一个唯一值字段。银行靠的是银行卡号或身份证号，我们这里依靠市（州）名称。

【示例】如果要将从四川省统计局下载的"人口数据"表（如图 3.3.3 所示）集成到"四川各市（州）地区生产总值"表中一起分析，则需要对两个数据表进行集成。

	A	B	C	D	E	F	G	H
1	市(州)	Region	年末户籍总户数（万户）	年末户籍总人口（万人）	男性	女性	城镇人口	乡村人口
2	成都市	Chengdu	550.7	1435.3	712.8	722.5	851.1	584.2
3	自贡市	Zigong	108.2	323.9	164.7	159.2	134.2	189.7
4	攀枝花市	Panzhihua	37.2	109.4	55.6	53.8	57.1	52.3
5	泸州市	Luzhou	155.3	509.6	263.2	246.4	209.1	300.5
6	德阳市	Deyang	157.3	387.7	197.1	190.6	120.5	267.2
7	绵阳市	Mianyang	206.9	536.8	275.3	261.5	179.0	357.8
8	广元市	Guangyuan	115.0	302.6	155.2	147.4	70.9	231.7
9	遂宁市	Suining	140.1	369.7	191.2	178.5	96.4	273.3
10	内江市	Neijiang	156.4	415.1	214.0	201.1	114.5	300.6
11	乐山市	Leshan	127.5	351.9	179.2	172.7	126.5	225.4
12	南充市	Nanchong	265.6	732.7	382.6	350.1	206.6	526.1
13	眉山市	Meishan	128.5	345.1	175.5	169.6	111.3	233.8
14	宜宾市	Yibin	171.9	555.4	288.4	267.0	147.1	408.3
15	广安市	Guangan	155.6	464.6	243.0	221.6	107.7	356.9
16	达州市	Dazhou	242.5	671.7	352.3	319.4	212.0	459.7
17	雅安市	Yaan	57.6	153.9	78.6	75.3	65.9	88.0
18	巴中市	Bazhong	131.0	376.2	196.3	179.9	99.4	276.8
19	资阳市	Ziyang	129.3	348.9	182.2	166.7	56.3	292.6
20	阿坝藏族羌族自治州	Aba	29.8	91.5	46.6	44.9	27.0	64.5
21	甘孜藏族自治州	Ganzi	30.0	110.1	55.6	54.5	19.3	90.8
22	凉山彝族自治州	Liangshan	152.6	521.3	268.4	252.9	104.4	416.9

图 3.3.3　人口数据

该案例中，由于两个工作表的行数一致，都是 21 个市（州），因此在排序后直接复制、粘贴即可。这里演示 VLOOKUP 函数的匹配方法，操作如下：

第一步：在"四川各市（州）地区生产总值"工作表中，选中 J2 单元格，输入"＝VLOOKUP（A2，'［人口数据.xls］各市(州)人口数'！＄A＄1：＄H＄22,4)"，按"回车"键确认输入。

第二步：利用右下角填充柄功能拖曳填充。效果如图 3.3.4 所示。

J2			fx	=VLOOKUP(A2,'[人口数据.xls]各市（州）人口数'!$A$1:$H$22,4)					

	A	B	C	D	E	F	G	H	I	J
1	市（州）	2010年	2011年	2012年	2013年	2014年	2015年	2016年	2017年	人口数
2	成都市	5551.33	6950.58	8138.94	9108.89	10056.59	10801.16	12170.23	13889.39	1435.30
3	自贡市	647.73	780.36	884.80	1001.60	1073.40	1143.11	1234.56	1312.07	521.30
4	攀枝花市	523.99	645.66	740.03	800.88	870.85	925.18	1014.68	1144.25	345.10
5	泸州市	714.79	900.87	1030.45	1140.48	1259.73	1353.41	1481.91	1596.21	351.90
6	德阳市	921.27	1137.45	1280.20	1395.94	1515.65	1605.06	1752.45	1960.55	1435.30
7	绵阳市	960.22	1189.11	1346.42	1455.12	1579.89	1700.33	1830.42	2074.75	351.90
8	广元市	321.87	403.54	468.66	518.75	566.19	605.43	660.01	732.12	1435.30
9	遂宁市	491.50	582.47	656.00	736.61	809.55	915.81	1008.45	1138.06	345.10
10	内江市	690.28	854.68	978.18	1069.34	1156.77	1198.58	1297.67	1332.09	345.10
11	乐山市	743.92	918.06	1037.75	1134.79	1207.59	1301.23	1406.58	1507.79	351.90
12	南充市	827.82	1029.48	1180.36	1328.55	1432.02	1516.20	1651.40	1827.93	732.70
13	眉山市	552.25	673.34	775.22	860.04	944.89	1029.86	1117.23	1183.35	351.90
14	宜宾市	870.85	1091.18	1242.76	1342.89	1443.81	1525.90	1653.05	1847.23	521.30
15	广安市	537.22	659.90	752.22	835.14	919.61	1005.61	1078.62	1173.79	1435.30
16	达州市	819.20	1011.83	1135.46	1245.41	1347.83	1350.76	1447.08	1583.94	1435.30
17	雅安市	286.54	350.13	398.05	417.97	462.41	502.58	545.33	602.77	153.90
18	巴中市	264.98	326.67	372.40	415.94	456.66	501.34	544.66	601.44	376.20
19	资阳市	657.90	836.44	984.72	1092.36	1195.60	1270.38	943.44	1022.21	521.30
20	阿坝藏族羌族自治州	132.76	168.48	203.74	233.99	247.79	265.04	281.32	295.16	91.50
21	甘孜藏族自治州	122.83	152.22	175.02	201.22	206.81	213.04	229.80	261.50	1435.30
22	凉山彝族自治州	784.19	1000.13	1122.67	1214.40	1314.30	1314.84	1403.92	1480.91	351.90

图 3.3.4 数据匹配

VLOOKUP 函数里需要输入 3 个参数：A2 代表要匹配的唯一值；'[人口数据.xls]各市(州)人口数'!$A$1:$H$22代表要匹配的数据区域，自动生成引用；"4"代表获取第 4 列的数据。

数据集成后，数据会更丰富，分析维度也会更多。

（二）数据清理

在接触各种来源的数据之后，我们会发现真实世界里的数据很少会按需要的格式呈现，原始数据往往不能直接用于最终的分析。例如，某个数值莫名其妙地丢失、标记前后矛盾、没有任何上下文背景，或者存在千奇百怪的笔误。对这些数据都需要进行数据清理。数据通常都散落在多个表格中，但我们需要的是一个包含所有数据的表格，而且带有各自的名称或独立的ID 号。

数据的清理通常包括数据有效范围的清理、数据逻辑一致性的清理和数据质量的抽查，也包括缺失值处理、异常值处理、去重处理、噪声数据处理。数据清理分为数据清洗和数据整理两大方面。

1. 数据清洗

数据清洗是指运用半自动的方式修复数据集错误的过程。这种修复具体包括移除空的数据行、清除重复的数据行、过滤数据行、聚集或转换数据值、分开多值单元等。

非权威机构的数据，特别是在网络上爬取的一手数据，大部分是"脏"

数据。数据变"脏"的主要原因有：滥用缩写词、惯用语，数据输入错误，重复记录，丢失值，拼写变化，使用不同的计量单位等。这类数据有时候需要反复清洗。

(1) 数据清洗的考察维度

①完整性。

数据的完整性考察的是数据信息是否存在缺失的状况。数据缺失的情况可能是整个数据记录缺失，也可能是数据中某个字段信息的记录缺失。不完整的数据的价值会大大降低。数据的完整性也是数据质量最为基本的评估标准。数据的完整性比较容易评估，一般我们可以通过数据统计中的记录值和唯一值进行评估。例如，网站日志日访问量就是一个记录值，平时的日访问量在 1000 左右，某一天突然降到 100 了，就需要检查一下数据是否存在缺失。

②一致性。

数据的一致性考察的是数据是否遵循了统一的规范，数据集合是否保持了统一的格式。数据的一致性主要体现在数据记录的规范和符合逻辑上。规范指的是一项数据有它特定的格式。例如，手机号码一定是 13 位数字，IP 地址一定是由 4 个 0～255 的数字加上"."组成的。逻辑指的是多项数据间存在着固定的逻辑关系。例如：PV（页面访问量）的值一定大于等于 UV（独立访问用户数）的值，跳出率一定是在 0 到 1 之间。

一般的数据都有着标准的编码规则，对于数据记录的一致性检验是较为简单的，只要符合标准编码规则即可。例如：地区类的标准编码格式为"北京"而不是"北京市"，只需将相应的唯一值映射到标准的唯一值上即可。

③准确性。

数据的准确性考察的是数据记录的信息是否存在异常或错误。和一致性不一样，存在准确性问题的数据不仅仅是规则上的不一致。最为常见的数据准确性错误就是乱码错误。其次，异常大或异常小的数据也是不符合准确性要求的数据。数据的不准确性可能存在于个别记录，也可能存在于整个数据集。

一般数据都符合正态分布的规律，如果一些占比少的数据存在问题，则可以通过与其他占比少的数据所占比例进行比较来做出判断。当然，如果统计的数据异常情况并不显著，那么这类值的检查是十分困难的，需要通过复杂的统计、分析、对比找到蛛丝马迹。

④及时性。

数据的及时性考察的是数据从产生到可以查看的时间间隔（数据的延时时长）的长短。数据分析本身对于及时性的要求并不高，但如果使用陈旧数据分析时效性强的新闻时，就可能导致分析得出的结论失去了借鉴意义。

此外，数据清洗还包括逻辑检查、计算检查等。

（2）使用 Excel 进行数据清洗的操作

在 Excel 中，可以通过排序、筛选、查找等方式进行数据清洗。相关功能集中在"数据"选项卡中，如图 3.3.5 所示。

图 3.3.5　"数据"选项卡

【示例】这里以原始"脏"数据为例进行介绍。未清洗的原始数据如图 3.3.6 所示，可以观察到数据格式不统一、缺失值严重等问题。

	A	B	C	D	E	F	G
1	书名	出版日期	作者	定价	售价	出版社	ISBN
2	深入浅出数据分析	-2012年12月1日	迈克尔·米尔顿 (Michael M	¥88.00	¥63.40	出版社: 电子工业出版社;	条形码: 9787121184772
3	谁说菜鸟不会数据分析工	-2013年6月1日	张文霖	¥49.00	¥39.90	出版社: 电子工业出版社;	商品尺寸: 23 x 18.6 x 1.6 cm
4	利用Python进行数据分析	-2013年11月18日	麦金尼 (Wes McKinney)	¥89.00	¥65.50	出版社: 机械工业出版社;	ISBN: 9787111436737
5			TechTarget中国			版本: Kindle电子书	品牌: 浙版数媒-BookDNA
6	CDA数据分析师系列丛书:	-2015年2月13日	曹正凤	¥49.00	¥38.80	出版社: Kindle电子书	ISBN: 9787121252440
7			陈哲			版本: Kindle电子书	品牌: 北京华章图文信息有限公司
8	精益数据分析	-2015年1月1日	阿利斯泰尔·克罗尔 (Alista	¥79.00	¥62.40	出版社: 人民邮电出版社;	ISBN: 7115374767, 9787115374769
9	数理统计与数据分析(原书	-2011年6月1日	田金方	¥85.00	¥67.20	出版社: 机械工业出版社;	ISBN: 9787111336464, 7111336461
10						版本: Kindle电子书	品牌: 北京华章图文信息有限公司
11	数据分析方法	-2006年2月1日	梅长林	¥26.40	¥25.10	出版社: 高等教育出版社;	条形码: 9787040186840
12			TechTarget中国			版本: Kindle电子书	X-Ray: 未启用
13	谁说菜鸟不会数据分析(SP	-2016年6月17日	狄松	¥59.00	¥48.00	出版社: 电子工业出版社;	商品尺寸: 22.8 x 18.4 x 1 cm
14	数据科学与大数据分析:数	-2016年7月1日	美国EMC教育服务团队 (EM	¥69.00	¥51.10	出版社: 人民邮电出版社;	ISBN: 9787115416377
15			知乎			版本: Kindle电子书	品牌: 知乎-浙版数媒
16	数据分析技术丛书:决策分	-2015年1月1日	卡尔伯格 (Conrad Carlber	¥49.00	¥39.40	出版社: 机械工业出版社;	ISBN: 9787111483892, 7111483898
17	Excel 2010数据处理与分析	-2014年1月1日	Excel Home	¥69.00	¥54.50	出版社: 人民邮电出版社;	条形码: 9787115335418
18	Python数据分析与挖掘实	-2016年1月1日	张良均	¥69.00	¥55.20	出版社: 机械工业出版社;	ISBN: 9787111521235, 7111521234
19	IBM SPSS数据分析与挖掘	-2013年2月1日	张文彤	¥64.00	¥47.80	出版社: 清华大学出版社;	商品尺寸: 27.4 x 20.6 x 2.6 cm
20	大数据技术丛书:实用数据	-2014年9月1日	奎斯塔 (Hector Cuesta)	¥59.00	¥49.90	出版社: 机械工业出版社;	ISBN: 9787111476238

图 3.3.6　原始"脏"数据

①查重。

第一步：打开"书籍数据"工作表，选中包含数据的任意单元格，单击"数据"选项卡"数据工具"组中的"删除重复项"按钮，弹出对话框，如图 3.3.7 所示。

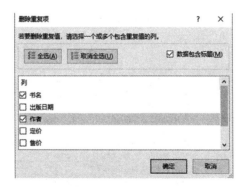

图 3.3.7 删除重复项

第二步：在"删除重复项"对话框中勾选"书名"和"作者"字段，单击"确定"，结果如图 3.3.8 所示。

图 3.3.8 查重结果提示

②排序。

第一步：选中"ISBN"字段下任意单元格，单击"数据"选项卡"排序和筛选"组中的"降序"按钮，弹出对话框，如图 3.3.9 所示。

图 3.3.9 排序

第二步：在"排序"对话框中，设置"主要关键词"为"ISBN"，作为排序字段，按数值降序排列。

第三步：排序后可观察到异常值或空值，如图 3.3.10 所示，删除异常数据。

售价	出版社	ISBN
¥69.80	出版社:人民邮电出版社	条形码:9787115404459
¥54.50	出版社:人民邮电出版社	条形码:9787115335418
¥78.10	出版社:机械工业出版社	条形码:9787111483403
¥27.60	出版社:机械工业出版社	条形码:9787111127482
¥25.10	出版社:高等教育出版社	条形码:9787040186840
¥49.00	出版社:科学出版社;第1	条形码:9787030479679
¥47.80	出版社:清华大学出版社	商品尺寸: 27.4 x 20.6 x 2.6 cm
¥78.80	出版社:气象出版社;第1	商品尺寸: 25.8 x 18.4 x 2.6 cm
¥41.70	出版社:化学工业出版社	商品尺寸: 25.8 x 18.2 x 1.6 cm
¥42.70	出版社:人民邮电出版社	商品尺寸: 25.8 x 18.2 x 1 cm
¥47.90	出版社:清华大学出版社	商品尺寸: 25.6 x 18.4 x 1.4 cm
¥41.70	出版社:电子工业出版社	商品尺寸: 23.8 x 16.4 x 1.4 cm
¥41.90	出版社:电子工业出版社	商品尺寸: 23.4 x 16.6 x 1.8 cm
¥40.70	出版社:人民邮电出版社	商品尺寸: 23.2 x 16.8 x 1.4 cm
¥39.90	出版社:电子工业出版社	商品尺寸: 23 x 18.6 x 1.6 cm

图 3.3.10　排序后发现异常值

③筛选。

单击"数据"选项卡"排序和筛选"组中的"筛选"按钮，通过点击首行字段名下拉列表进行筛选，同样可以筛选出异常值，同时便于对数据的分类情况进行观察。

④查找和替换。

第一步：单击"开始"选项卡"编辑"组中的"查找和替换"按钮，打开"替换对话框"，如图 3.3.11 所示。

图 3.3.11　查找和替换

第二步：在"查找内容"栏内输入"条形码:"，"替换为"栏为空，点击"全部替换"，即可批量删除"条形码:"。对"出版社"和"出版日期"数据做同样处理。

经过查重、排序、筛选和替换统一格式，最后得到一份"干净"的可用于后续分析的数据，如图 3.3.12 所示。

	A	B	C	D	E	F	G
1	书名	出版日期	作者	定价	售价	出版社	ISBN
2	DNA和蛋白质序列数据分	2012年6月1日	薛庆中	¥128.00	¥107.92	科学出版社	9787030345097
3	数据分析方法	2006年2月1日	梅长林	¥26.40	¥25.10	高等教育出版社	9787040186840
4	数据结构与算法分析:C语	2004年1月1日	维斯	¥35.00	¥27.60	机械工业出版社	9787111127482
5	数据结构与算法分析:Jav	2009年1月1日	韦斯 (Mark Alle	¥55.00	¥44.20	机械工业出版社	9787111231837
6	数理统计与数据分析(原	2011年6月1日	田金方	¥85.00	¥67.20	机械工业出版社	9787111336464
7	统计学精品译丛·金融数	2013年10月1日	蔡瑞胸 (Ruey S.	¥69.00	¥57.50	机械工业出版社	9787111435068
8	利用Python进行数据分析	2013年11月18日	麦金尼 (Wes Mc	¥89.00	¥65.50	机械工业出版社	9787111436737
9	大数据技术丛书:实用数据	2014年9月1日	奎斯塔 (Hector (	¥59.00	¥49.90	机械工业出版社	9787111476238
10	深入解析SAS:数据处理、	2015年1月1日	夏坤庄	¥99.00	¥78.10	机械工业出版社	9787111483403
11	数据分析技术丛书:决策	2015年1月1日	卡尔伯格 (Conra	¥49.00	¥39.40	机械工业出版社	9787111483892
12	数据科学与工程技术丛书	2015年4月7日	Thomas Daven	¥59.00	¥48.70	机械工业出版社	9787111491842
13	商务智能:数据分析的管	2015年3月1日	拉姆什·沙尔达 (	¥69.00	¥54.90	机械工业出版社	9787111494393
14	R语言:实用数据分析和可	2015年5月1日	Jared P. Lander	¥79.00	¥67.10	机械工业出版社	9787111499619
15	MATLAB数据分析与挖掘	2015年6月1日	张良均	¥69.00	¥54.50	机械工业出版社	9787111504351
16	金融数据挖掘与分析	2015年12月2日	郑志明	¥69.80	¥52.40	机械工业出版社	9787111518051
17	Python数据分析与挖掘	2016年1月1日	张良均	¥69.00	¥55.20	机械工业出版社	9787111521235
18	计算机科学丛书·数据结	2016年3月1日	马克·艾伦·维斯	¥69.00	¥54.90	机械工业出版社	9787111528395
19	Excel 2010数据处理与分	2014年1月1日	Excel Home	¥69.00	¥54.50	人民邮电出版社	9787115335418
20	Python金融大数据分析	2015年12月1日	[德]伊夫·希尔皮	¥99.00	¥69.80	人民邮电出版社	9787115404459

图 3.3.12　清洗后的数据

由于调查、编码和录入误差，数据中可能存在一些无效值和缺失值，需要予以适当的处理。常用的处理方法有：估算、整例删除、变量删除和成对删除。

估算（estimation）有多种办法，最简单的办法就是用某个变量的样本均值、中位数或众数代替无效值或缺失值。这种办法简单，但没有充分考虑数据中已有的信息，误差可能较大。另一种办法就是通过变量之间的相关分析或逻辑推断进行估计。例如，某一产品的拥有情况可能与家庭收入有关，可以根据调查对象的家庭收入推算其拥有这一产品的可能性。

整例删除（casewise deletion）是直接剔除含有缺失值的样本。由于很多问卷都可能存在缺失值，这种做法的结果可能导致有效样本大大减少，无法充分利用已经收集到的数据。因此，这种方法只适合关键变量缺失，或者含有无效值或缺失值的样本比重很小的情况。

如果某一变量的无效值和缺失值很多，而且该变量对于所研究的问题不是特别重要，则可以考虑将该变量删除（variable deletion）。这种做法减少了供分析用的变量数目，但没有改变样本量。

成对删除（pairwise deletion）是用一个特殊码（通常是 9、99、999 等）代表无效值或缺失值，同时保留数据集中的全部变量和样本。但是，在具体计算时只采用有完整答案的样本，因而不同的分析因涉及的变量不同，其有效样本量也会有所不同。这是一种保守的处理方法，最大限度地保留了数据集中的可用信息。

采用不同的处理方法可能对分析结果产生不同影响，尤其是当缺失值的出现并非随机且变量之间明显相关时。因此，在调查中应当尽量避免出现无效值和缺失值，以保证数据的完整性。

2. 数据整理

对于数据新闻而言，处理干净的数据还不能直接使用，如果需要与其他数据关联，还需要注意统一数据粒度等问题。做数据分析往往要从不同的侧面对数据进行研究，采取多种方法进行分析，而不同的分析方法对数据文件结构上的要求不尽相同，这就需要对数据文件的结构进行调整或转换，以方便分析工作。上述工作统称为数据整理。数据新闻生产中比较常用的整理方法有如下两种。

（1）增加数据

增加数据是利用已有的数据生成新的数据。例如，只有年龄数据，想从年轻人、中年人、老年人的角度去分析，就属于增加数据的方式。Excel 中，这一目的可以利用 IF 函数实现。

例如，利用 IF 函数就能为数据附加一个条件判断，如果满足条件则执行某项操作，如果不满足条件则执行其他操作。

假设我们要对年龄数据从青年、中年、老年三个层面进行分析，则可用 IF 函数嵌套条件来进行划分。点击 Excel 表格上方输入栏左边的 "fx"，选择 IF 函数。这里我们将年龄在 29 岁及以下的划为青年人，30～49 岁的划为中年人，50 岁及以上的划为老年人。输入 "B2＞29"，如果正确，则进一步分析是否大于 49 岁，故而再加入一个 IF 函数，输入 "IF（B2＞49，'老年'，'中年'）" 来判断中老年，从而将年龄数据做了划分。结果如图 3.3.13 所示。

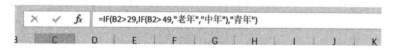

	A	B	C	D
1	名字	年龄	年龄段	
2	王一	18	青年	
3	李二	23	青年	
4	张三	35	中年	
5	赵四	37	中年	
6	张五	28	青年	
7	钱六	41	中年	
8	孙七	58	老年	
9	刘大	73	老年	
10	沈胜兵	30	中年	
11	胡肖	21	青年	
12	孙立慧	34	中年	
13	庄经辉	52	老年	
14	王冬雪	35	中年	
15	王琪	22	青年	
16	齐红杰	62	老年	

图 3.3.13　年龄数据划分

（2）数据转置

同样的数据，可以有不同的排列方式。不同的需求和不同的分析工具也需要不同的排列方式，这时就需要进行数据转置。在 Excel 中，可以在复制后重新粘贴时选择"转置"操作。

【示例】Excel 中，简单的数据转置可以通过复制和粘贴完成，还可以使用函数或数据透视表实现。下面演示复制和粘贴的方法，操作步骤如下：

第一步：打开"四川各市（州）地区生产总值"工作表，删除左上角"市（州）"标题（Excel 的快速数据转置需要数据完整、对称），选中数据所在区域，复制。

第二步：选中要粘贴的区域左上角单元格，单击"开始"选项卡中"剪贴板"内的"粘贴"列表，打开"选择性粘贴"对话框，如图 3.3.14 所示。

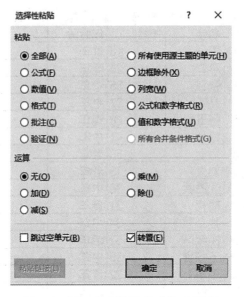

图 3.3.14 "选择性粘贴"对话框

第三步：选中"选择性粘贴"中的"转置"选项，单击"确定"。转置前后的数据如图 3.3.15～3.3.17 所示。

	A	B	C	D	E	F	G	H	I
1	市(州)	2010年	2011年	2012年	2013年	2014年	2015年	2016年	2017年
2	成都市	5551.33	6950.58	8138.94	9108.89	10056.59	10801.16	12170.23	13889.39
3	自贡市	647.73	780.36	884.80	1001.60	1073.40	1143.11	1234.56	1312.07
4	攀枝花市	523.99	645.66	740.03	800.88	870.85	925.18	1014.68	1144.25
5	泸州市	714.79	900.87	1030.45	1140.48	1259.73	1353.41	1481.91	1596.21
6	德阳市	921.27	1137.45	1280.20	1395.94	1515.65	1605.06	1752.45	1960.55
7	绵阳市	960.22	1189.11	1346.42	1455.12	1579.89	1700.33	1830.42	2074.75
8	广元市	321.87	403.54	468.66	518.75	566.19	605.43	660.01	732.12
9	遂宁市	491.50	582.47	656.00	736.61	809.55	915.81	1008.45	1138.06
10	内江市	690.28	854.68	978.18	1069.34	1156.77	1198.58	1297.67	1332.09
11	乐山市	743.92	918.06	1037.75	1134.79	1207.59	1301.23	1406.58	1507.79
12	南充市	827.82	1029.48	1180.36	1328.55	1432.02	1516.20	1651.40	1827.93
13	眉山市	552.25	673.34	775.22	860.04	944.89	1029.86	1117.23	1183.35
14	宜宾市	870.85	1091.18	1242.76	1342.89	1443.81	1525.90	1653.05	1847.23
15	广安市	537.22	659.90	752.22	835.14	919.61	1005.61	1078.62	1173.79
16	达州市	819.20	1011.83	1135.46	1245.41	1347.83	1350.76	1447.08	1583.94
17	雅安市	286.54	350.13	398.05	417.97	462.41	502.58	545.33	602.77
18	巴中市	264.98	326.67	372.40	415.94	456.66	501.34	544.66	601.44
19	资阳市	657.90	836.44	984.72	1092.36	1195.60	1270.38	943.44	1022.21
20	阿坝藏族羌族自治州	132.76	168.48	203.74	233.99	247.79	265.04	281.32	295.16
21	甘孜藏族自治州	122.83	152.22	175.02	201.22	206.81	213.04	229.80	261.50
22	凉山彝族自治州	784.19	1000.13	1122.67	1214.40	1314.30	1314.84	1403.92	1480.91

图 3.3.15 转置前数据

	A	B	C	D	E	F	G	H	I	J	K	L
1	市（州）	成都市	自贡市	攀枝花市	泸州市	德阳市	绵阳市	广元市	遂宁市	内江市	乐山市	南充市
2	2010年	5551.33	647.73	523.99	714.79	921.27	960.22	321.87	491.50	690.28	743.92	827.82
3	2011年	6950.58	780.36	645.66	900.87	1137.45	1189.11	403.54	582.47	854.68	918.06	1029.48
4	2012年	8138.94	884.80	740.03	1030.45	1280.20	1346.42	468.66	656.00	978.18	1037.75	1180.36
5	2013年	9108.89	1001.60	800.88	1140.48	1395.94	1455.12	518.75	736.61	1069.34	1134.79	1328.55
6	2014年	10056.59	1073.40	870.85	1259.73	1515.65	1579.89	566.19	809.55	1156.77	1207.59	1432.02
7	2015年	10801.16	1143.11	925.18	1353.41	1605.06	1700.33	605.43	915.81	1198.58	1301.23	1516.20
8	2016年	12170.23	1234.56	1014.68	1481.91	1752.45	1830.42	660.01	1008.45	1297.67	1406.58	1651.40
9	2017年	13889.39	1312.07	1144.25	1596.21	1960.55	2074.75	732.12	1138.06	1332.09	1507.79	1827.93

图 3.3.16 转置后数据（简单转置效果）

	A	B	C	D
1	市（州）	年份	生产总值	
2	成都市	2010年	5551.33	
3	成都市	2011年	6950.58	
4	成都市	2012年	8138.94	
5	成都市	2013年	9108.89	
6	成都市	2014年	10056.59	
7	成都市	2015年	10801.16	
8	成都市	2016年	12170.23	
9	成都市	2017年	13889.39	
10	自贡市	2010年	647.73	
11	自贡市	2011年	780.36	
12	自贡市	2012年	884.80	
13	自贡市	2013年	1001.60	
14	自贡市	2014年	1073.40	
15	自贡市	2015年	1143.11	
16	自贡市	2016年	1234.56	
17	自贡市	2017年	1312.07	
18	攀枝花市	2010年	523.99	
19	攀枝花市	2011年	645.66	
20	攀枝花市	2012年	740.03	

图 3.3.17 转置后数据（复杂转置效果）

数据转置不仅便于从不同角度观察数据，也能满足其他可视化工具对数据排列方式的要求。

无论是数据清洗，还是数据整理，所有方法都是服务于新闻叙事的。一份“干净清爽”又满足需求的数据，能让之后的数据分析更加高效。

二、数据分析

数据新闻生产工作中，大部分的分析都是统计学中的描述性分析，这种描述性的数据分析是对一组数据的各种特征进行分析，以便于描述样本的各种特征及其所代表的总体特征。描述性分析完全可以用 Excel 解决。

（一）数据分析中的常用指标

这里主要介绍描述统计学中的几个指标，如表 3.3.1 所示。通过这几个指标，可以简单、快速地反映数据特征。

表 3.3.1　统计指标

序号	名称	特征
1	均值	算术平均值是最常用的统计指标，简称均值。适合无极值干扰的情况，例如一个人数不多的公司只有一个人工资特别高，可能就不适合用均值来描述公司员工整体收入情况
2	中位数	按顺序排列的一组数据中居于中间位置的数
3	众数	一组数据中出现次数最多的数
4	百分比、百分点与百分比变化	百分比是相对数中的一种。所谓相对数，即表示一个数是另一个数的百分之几，也称为百分率或百分数。 百分点是一个很容易与百分比混淆的概念，它指不同时期以百分数的形式表示的相对指标的变化幅度。1 个百分点＝1％。 用新数值减去旧数值，所得的差再除以旧数值，即得到百分比变化
5	人均数据	将要比较的数值总和除以人口总数（即基数），得到的即人均数据
6	方差、标准差	用来表达分布差异，方差或标准差越大，数据间的差异越大

几个常用统计指标对应的 Excel 函数如表 3.3.2 所示。

表 3.3.2　统计指标与 Excel 函数对应表

统计指标	Excel 中对应函数
均值	AVERAGE（）
最大值	MAX（）
最小值	MIN（）
去尾均值	TRIMMEAN（）
中位数	MEDIAN（）
众数	MODE（）
方差、标准差	VARPA（）、STDEVPA（）

（二）简单实用的分析方法

1. 对比分析法

对比分析法是将两个或两个以上的数据进行比较，分析它们的差异，从而揭示这些数据所代表的事物发展变化的情况和规律。

对比分析法分为横向比较和纵向比较两种。横向比较是在同一时间条件下对不同总体指标的比较，这种比较方式也被称为静态比较；纵向比较是在同一总体条件下对不同时期指标数值的比较，也被称为动态比较。新闻报道中经常使用的"环比"和"同比"都属于纵向比较，是一种动态比较。与历史同时期比较，如 2020 年 1 月份与 2019 年 1 月份相比，叫同比。与上一统计段比较，如 2020 年 1 月份与 2019 年 12 月份相比较，叫环比。

【示例】

（1）静态对比

对比 2017 年四川各市（州）地区生产总值，操作步骤如下：

第一步：打开"四川各市（州）地区生产总值"工作表，单击"2017"列中的任意一个单元格，单击"数据"选项卡"排序和筛选"组中的"降序"按钮，进行降序排序。

第二步：按住"Ctrl"键依次选中"市（州）"和"2017"列产生图表的数据区域，如图 3.3.18 所示。

	A	B	C	D	E	F	G	H	I
1	市(州)	2010年	2011年	2012年	2013年	2014年	2015年	2016年	2017年
2	成都市	5551.33	6950.58	8138.94	9108.89	10056.59	10801.16	12170.23	13889.39
3	绵阳市	960.22	1189.11	1346.42	1455.12	1579.89	1700.33	1830.42	2074.75
4	德阳市	921.27	1137.45	1280.20	1395.94	1515.65	1605.06	1752.45	1960.55
5	宜宾市	870.85	1091.18	1242.76	1342.89	1443.81	1525.90	1653.05	1847.23
6	南充市	827.82	1029.48	1180.36	1328.55	1432.02	1516.20	1651.40	1827.93
7	泸州市	714.79	900.87	1030.45	1140.48	1259.73	1353.41	1481.91	1596.21
8	达州市	819.20	1011.83	1135.46	1245.41	1347.83	1350.76	1447.08	1583.94
9	乐山市	743.92	918.06	1037.75	1134.79	1207.59	1301.23	1406.58	1507.79
10	凉山彝族自	784.19	1000.13	1122.67	1214.40	1314.30	1314.84	1403.92	1480.91
11	内江市	690.28	854.68	978.18	1069.34	1156.77	1198.58	1297.67	1332.09
12	自贡市	647.73	780.36	884.80	1001.60	1073.40	1143.11	1234.56	1312.07
13	眉山市	552.25	673.34	775.22	860.04	944.89	1029.86	1117.23	1183.35
14	广安市	537.22	659.90	752.22	835.14	919.61	1005.61	1078.62	1173.79
15	攀枝花市	523.99	645.66	740.03	800.88	870.85	925.18	1014.68	1144.25
16	遂宁市	491.50	582.47	656.00	736.61	809.55	915.81	1008.45	1138.06
17	资阳市	657.90	836.44	984.72	1092.36	1195.60	1270.38	943.44	1022.21
18	广元市	321.87	403.54	468.66	518.75	566.19	605.43	660.01	732.12
19	雅安市	286.54	350.13	398.05	417.97	462.41	502.58	545.33	602.77
20	巴中市	264.98	326.67	372.40	415.94	456.66	501.34	544.66	601.44
21	阿坝藏族羌	132.76	168.48	203.74	233.99	247.79	265.04	281.32	295.16
22	甘孜藏族自	122.83	152.22	175.02	201.22	206.81	213.04	229.80	261.50

图 3.3.18　选中数据

第三步：单击"插入"选项卡"图表"组中的"插入柱状图或条形图"按钮，选择"簇状柱形图"，结果如图 3.3.19 所示。

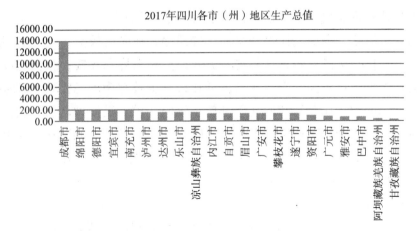

图 3.3.19　2017 年四川各市（州）地区生产总值（静态对比）

（2）动态对比

对比 2010—2017 年成都市的地区生产总值，操作步骤如下：

第一步：打开"四川各市（州）地区生产总值"工作表，选中前两行数据，如图 3.3.20 所示。

	A	B	C	D	E	F	G	H	I
1	市(州)	2010年	2011年	2012年	2013年	2014年	2015年	2016年	2017年
2	成都市	5551.33	6950.58	8138.94	9108.89	10056.59	10801.16	12170.23	13889.39
3	绵阳市	960.22	1189.11	1346.42	1455.12	1579.89	1700.33	1830.42	2074.75
4	德阳市	921.27	1137.45	1280.20	1395.94	1515.65	1605.06	1752.45	1960.55
5	宜宾市	870.85	1091.18	1242.76	1342.89	1443.81	1525.90	1653.05	1847.23
6	南充市	827.82	1029.48	1180.36	1328.55	1432.02	1516.20	1651.40	1827.93
7	泸州市	714.79	900.87	1030.45	1140.48	1259.73	1353.41	1481.91	1596.21
8	达州市	819.20	1011.83	1135.46	1245.41	1347.83	1350.76	1447.08	1583.94
9	乐山市	743.92	918.06	1037.75	1134.79	1207.59	1301.23	1406.58	1507.79
10	凉山彝族自	784.19	1000.13	1122.67	1214.40	1314.30	1314.84	1403.92	1480.91
11	内江市	690.28	854.68	978.18	1069.34	1156.77	1198.58	1297.67	1332.09
12	自贡市	647.73	780.36	884.80	1001.60	1073.40	1143.11	1234.56	1312.07
13	眉山市	552.25	673.34	775.22	860.04	944.89	1029.86	1117.23	1183.35
14	广安市	537.22	659.90	752.22	835.14	919.61	1005.61	1078.62	1173.79
15	攀枝花市	523.99	645.66	740.03	800.88	870.85	925.18	1014.68	1144.25
16	遂宁市	491.50	582.47	656.00	736.61	809.55	915.81	1008.45	1138.06
17	资阳市	657.90	836.44	984.72	1092.36	1195.60	1270.38	943.44	1022.21
18	广元市	321.87	403.54	468.66	518.75	566.19	605.43	660.01	732.12
19	雅安市	286.54	350.13	398.05	417.97	462.41	502.58	545.33	602.77
20	巴中市	264.98	326.67	372.40	415.94	456.66	501.34	544.66	601.44
21	阿坝藏族羌	132.76	168.48	203.74	233.99	247.79	265.04	281.32	295.16
22	甘孜藏族自	122.83	152.22	175.02	201.22	206.81	213.04	229.80	261.50

图 3.3.20　选中数据

第二步：单击"插入"选项卡"图表"组中的"插入折线图或面积图"按钮，选择"折线图"。

第三步：单击"设计"选项卡"数据"组中的"切换行列"按钮，结果如图 3.3.21 所示。

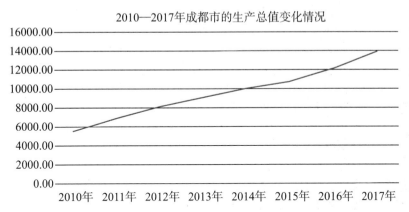

图 3.3.21　2010—2017 年成都市的地区生产总值变化情况（动态对比）

2. 分组分析法

属性指标的分组分析法比较容易，如将人口分为男、女，将产业分为第一、第二、第三产业。数量指标的分组分析法包括等距分组和不等距分组两种方式。在各单位数据变动较为均匀的情况下可以采用等距分组，反之则用不等距分组更加有效。

（1）属性指标的分组分析法

在上例中，"市（州）"字段属于属性字段，不可用计算的方式进行分组，需要按照内部属性进行分组。依据 2006 年四川省委省政府在"十一五"规划纲要中对全省进行的区域划分，按空间关系和自然资源将四川各市（州）进行分组分析，操作步骤如下：

第一步：将分组的数据作为新的字段录入，如图 3.3.22 所示。

	A	B	C	D	E	F	G	H	I	J
1	市(州)	经济区	2010	2011	2012	2013	2014	2015	2016	2017
2	成都市	成都平原经济区	5551.33	6950.58	8138.94	9108.89	10056.59	10801.16	12170.23	13889.39
3	自贡市	川南经济区	647.73	780.36	884.80	1001.60	1073.40	1143.11	1234.56	1312.07
4	攀枝花市	攀西经济区	523.99	645.66	740.03	800.88	870.85	925.18	1014.68	1144.25
5	泸州市	川南经济区	714.79	900.87	1030.45	1140.48	1259.73	1353.41	1481.91	1596.21
6	德阳市	成都平原经济区	921.27	1137.45	1280.20	1395.94	1515.65	1605.06	1752.45	1960.55
7	绵阳市	成都平原经济区	960.22	1189.11	1346.42	1455.12	1579.89	1700.33	1830.42	2074.75
8	广元市	川东北经济区	321.87	403.54	468.66	518.75	566.19	605.43	660.01	732.12
9	遂宁市	成都平原经济区	491.50	582.47	656.00	736.61	809.55	915.81	1008.45	1138.06
10	内江市	川南经济区	690.28	854.68	978.18	1069.34	1156.77	1198.58	1297.67	1332.09
11	乐山市	成都平原经济区	743.92	918.06	1037.75	1134.79	1207.59	1301.23	1406.58	1507.79
12	南充市	川东北经济区	827.82	1029.48	1180.36	1328.55	1432.02	1516.20	1651.40	1827.93
13	眉山市	成都平原经济区	552.25	673.34	775.22	860.04	944.89	1029.86	1117.23	1183.35
14	宜宾市	川南经济区	870.85	1091.18	1242.76	1342.89	1443.81	1525.90	1653.05	1847.23
15	广安市	川东北经济区	537.22	659.90	752.22	835.14	919.61	1005.61	1078.62	1173.79
16	达州市	川东北经济区	819.20	1011.83	1135.46	1245.41	1347.83	1350.76	1447.08	1583.94
17	雅安市	成都平原经济区	286.54	350.13	398.05	417.97	462.41	502.58	545.33	602.77
18	巴中市	川东北经济区	264.98	326.67	372.40	415.94	456.66	501.34	544.66	601.44
19	资阳市	成都平原经济区	657.90	836.44	984.72	1092.36	1195.60	1270.38	943.44	1022.21
20	阿坝藏族羌族自治州	川西北生态经济区	132.76	168.48	203.74	233.99	247.79	265.04	281.32	295.16
21	甘孜藏族自治州	川西北生态经济区	122.83	152.22	175.02	201.22	206.81	213.04	229.80	261.50
22	凉山彝族自治州	攀西经济区	784.19	1000.13	1122.67	1214.40	1314.30	1314.84	1403.92	1480.91

图 3.3.22　加入"经济区"字段后的数据

第二步：选中表中所有数据，单击"插入"选项卡"表格"组中的"数据透视表"，弹出"创建数据透视表"对话框，单击"确定"按钮，如图 3.3.23 所示。

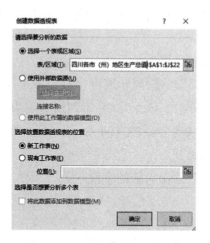

图 3.3.23　创建数据透视表

第三步：进入新建的工作表，在弹出的"数据透视表字段"窗格中，将"经济区"字段拖曳至"行"区域，将"2017 年"字段拖曳至"值"区域，如图 3.3.24 所示。

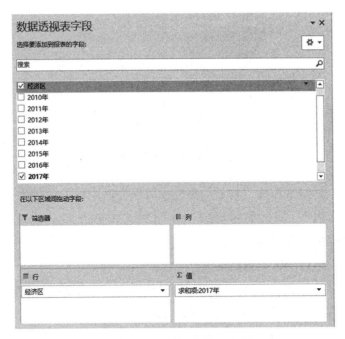

图 3.3.24　数据透视表字段

第四步：单击"值"区域内的数据，选择弹出列表中的"值字段设置"，弹出对话框，选择计算类型为"求和"，如图 3.3.25 所示，单击"确定"，结果如图 3.3.26 所示。

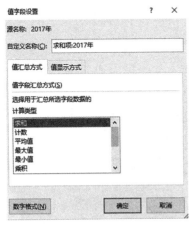

	A	B
1	将报表筛选字段拖至此处	
2		
3	求和项:2017年	
4	经济区　▼	汇总
5	成都平原经济区	23378.87
6	川东北经济区	5919.22
7	川南经济区	6087.6
8	川西北生态经济区	556.66
9	攀西经济区	2625.16
10	总计	38567.51

图 3.3.25　值字段设置　　　　　图 3.3.26　数据透视表生成数据

第五步：选中"数据透视表"生成的数据，单击"插入"选项卡中的"插入饼状图或圆环图"，生成便于分析的饼状图，结果如图 3.3.27 所示。

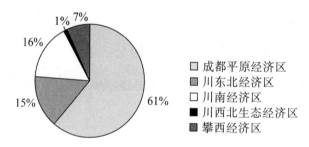

图 3.3.27   各经济区生产总值占比

该案例中，值字段为"均值"更能反映经济区内各地区的生产总值情况，而不受经济区内市（州）数量影响。为了饼状图的真实度，采用求和的方式，实际操作过程中按需求进行选择。

（2）数量指标的分组分析法

数量指标的分组分析法，需要通过等距或不等距的方式进行分组。对2017 年的地区生产总值进行分组分析，操作步骤如下。

第一步：打开"四川各市（州）地区生产总值"工作表，按同样的方法创建"数据透视表"，将"2017 年"字段分别拖曳至"行"区域和"值"区域，修改计算类型为"计数"。

第二步：选定"行标签"中一个单元格，单击鼠标右键，在弹出菜单中选择"创建组"，弹出"组合"对话框，如图 3.3.28 和图 3.3.29 所示。

图 3.3.28   创建组

图 3.3.29   "组合"对话框

第三步：在弹出的"组合"对话框中设置分组方式，这里采用默认分组，如图 3.3.29 所示，单击"确定"，生成统计结果，如图 3.3.30 所示。

	A	B
1		
2		
3	计数项:2017年	
4	2017年 ▼	汇总
5	261.5-1261.5	10.00
6	1261.5-2261.5	10.00
7	13261.5-14261.5	1.00
8	总计	21.00

图 3.3.30　等距分组后的统计结果

通过等距分组，可快速分析出四川省的地区生产总值按数量指标分组的分布情况。

如果采用不等距分组，如以 1260 为界分为 2 组，可直接利用函数"＝IF"（"选定单元格数据＞1260"，"A 组名称"，"B 组名称"）实现，引号内字符串按实际需求进行替换。

3. 结构分析法

结构分析法是将总体内的各部分与总体进行对比的分析方法，即分析总体内各部分占总体的比例，属于相对指标分析。一般某部分所占的比例越大，说明其重要程度越高，对总体的影响越大。该方法常用于属性字段的分析，如性别、地区等。这里以"经济区"字段为例进行操作演示。

第一步：打开添加了"经济区"字段的"四川各市（州）地区生产总值"工作表，新建"数据透视表"。

第二步：将"经济区"字段分别拖曳至"行"和"值"区域，修改计算类型为"计数"，结合公式计算百分比后，结果如图 3.3.31 所示。

	A	B	C
1			
2			
3	计数项:2017年		
4	经济区 ▼	汇总	百分比
5	成都平原经济区	8	38.1%
6	川东北经济区	5	23.8%
7	川南经济区	4	19.0%
8	川西北生态经济区	2	9.5%
9	攀西经济区	2	9.5%
10	总计	21	

图 3.3.31　结构分析法的统计结果

结构分析法的分析结果，常用于制作饼状图、柱状图。

4. 平均分析法

平均分析法是运用计算平均数的方法来反映总体在一定条件下某一数量

特征的一般水平。平均指标可用于同一现象在不同地区、不同部门或不同单位间的对比，还可用于同一现象在不同时间内的对比。以分析四川各市（州）的平均地区生产总值随年份变化情况为例，需计算全省各市（州）每年的地区生产总值均值，操作方法如下：在数据透视表中将"年份"字段拖入"值"区域内，将计算类型修改为"平均值"，即可计算均值，如图 3.3.32 所示。

图 3.3.32　生成均值数据

使用平均分析法时需要注意，数据量小的情况下，极值对分析结果有较大影响。

5. 综合评价分析法

综合评价分析法是一种运用多个指标对多个参评单位进行评价的方法。它的基本思路是将多个指标转化为一个能够反映综合情况的指标来进行评价分析。

例如，如果一年的数据不能反映真实情况，可以考虑用多个年份的数据（即多个变量）来综合评价分析（求其均值）。

实际中，我们需要综合评价的情况要复杂得多，很多变量并不能直接相加。例如，评价一台电脑的性能要考虑 CPU、显卡、外观等多项因素，但是其重要性又不同，所以会赋予各指标不同的权重，用最终得分来综合评价。

综合评价分析的方法众多，应用非常广泛，除了经济学上常用的消费者信息指数等，还有很多例子。例如教师评价学生时，使用公式"平时成绩×30%＋考试成绩×70%"计算期末成绩，就是利用 2 个指标及其权重进行综合分析。

6. 相关分析法

相关分析法即通过相关表或相关图等方式来判断两个变量是否存在不确定统计关系的数据分析方法。在数据分析中，将变量间确定的统计关系称为函数关系，不确定的统计关系称为相关关系。

常见的相关关系多为两个变量之间的相关关系，可称为单相关（或称一元相关）。与之相对，三个或三个以上变量之间的相关关系则属于复相关（或称多元相关）。当一个变量的值增大或减小时，另一个变量的值也增大或减小，这样的相关关系称为"正相关"，反之则是"负相关"。

相关分析法中的相关表是指将变量的若干值按从小到大的顺序排列，并将另一变量的值与之对应排列而形成的统计表。相关图又称"散点图"，指用直角坐标系的横轴表示一个变量，纵轴表示另一个变量，将两个变量间相对应的变量值用坐标点的形式描绘出来，用以表明相关点分布的图形。

当散点图中的点大致位于一条直线上时，称变量为"线性相关"，反之则称为"非线性相关"。

【示例】在 Excel 中，讨论散点图相关关系的前提是数据类型必须是数值型。这里以分析吸烟指数与癌症指数的关系为例进行说明，如图 3.3.33 所示。

	A	B	C
1	职业	吸烟指数	癌症指数
2	forester, and f	77	84
3	ners and quarrym	137	116
4	and chemical mak	117	123
5	s and ceramics ma	94	128
6	ce and foundry wc	116	155
7	trical and electr	102	101
8	engineers	111	118
9	woodworkers	93	113
10	leather workers	88	104
11	textile workers	102	88
12	clothing workers	91	104
13	rink, and tobacco	104	129
14	aper and printing	107	86
15	ther manufacturer	112	96
16	construction	113	144
17	ners and decorato	110	139
18	e machinery opera	125	113
19	other laborers	133	146
20	ort and communic	115	128
21	men, packers, sto	105	115
22	clerical workers	87	79
23	sales	91	85
24	ervice, recreatio	100	120
25	administrators	76	60
26	onal, technical	66	51

图 3.3.33　吸烟指数与癌症指数

资料来源：Moore and McCabe（1989），*Introduction to the Practice of Statistics*.（《统计学实践导论》）

英国官方统计人员对吸烟与肺癌的关系做了一个调查。数据采集涉及 25 个职业的数千名男性。对数据的具体操作如下：选中数据，在"插入"选项卡的"图表"组中选择"散点图"，添加趋势线以便于观察，结果如图 3.3.34 所示。

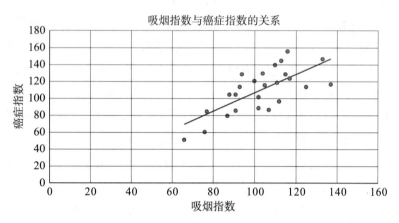

图 3.3.34　吸烟指数与癌症指数的关系散点图

由图 3.3.34 可见，吸烟指数与癌症指数呈线性正相关。需要注意的问题是，相关分析要考虑其他因素的影响，进行因果推断时需要慎重。

数据新闻使用的方法大部分都是统计学中的描述性分析方法，可以用 Excel 轻松解决。高级统计主要是指回归、聚类因子等分析法，属于深度挖掘。例如，利用回归分析可计算出两者的具体关系，这一分析法主要用于预测。新闻工作者如果有需要可以去进一步了解。

（三）文本数据也能挖掘

新闻工作者在现实工作中会遇到大量文本型数据，这类数据的挖掘随着自然语言处理技术的发展也日趋流行。

挖掘文本数据的本质是将词语转换为数值，这样就可以计算文本的频率、情感、相关度等。

分词是最简单的文本挖掘方式，可视化效果一般为词云，可以通过简单的分词工具或者直接用词云工具实现。例如，对 2020 年习近平主席在二十国集团领导人特别峰会上的发言《携手抗疫 共克时艰》分词后的结果如图 3.3.35 所示。

	A	B
1	词语 ▼	频数 ▼
2	疫情	15
3	防控	7
4	全球	7
5	加强	7
6	协调	6
7	各国	6
8	中国	5
9	中方	5
10	公共卫生	5

图 3.3.35　《携手抗疫 共克时艰》分词结果

分词后生成词云比较容易实现。分词可以使用国内免费网站 PULLWORD（http://www.pullword.com）实现。生成词云可通过 WORDART（http://www.wordart.com）、微词云（http://www.weiciyun.com）等网站一站式实现。

做文本分析时要注意两点：一是工具未能识别出来的词语，需要做成自定义词；二是对于不需要分析的词语，即"停用词"，可以利用停用词表提升分析效果。国内文本分析使用的停用词表主要有"哈工大停用词表""百度停用词表""四川大学机器智能实验室停用词库"。

由新媒体网站 Vox 制作并获得 2019 年全球数据新闻奖的作品《一图看懂听证会》则展示了文本数据的创意性挖掘。该媒体依照政府公开的听证会内容，记录了被指控人卡瓦诺（Kavanaugh）和指控人福特（Ford）的证词，并将证词作为文本数据进行挖掘，经可视化后向读者展示了卡瓦诺在听证会上经常不正面回答问题的情形，如图 3.3.36 所示。

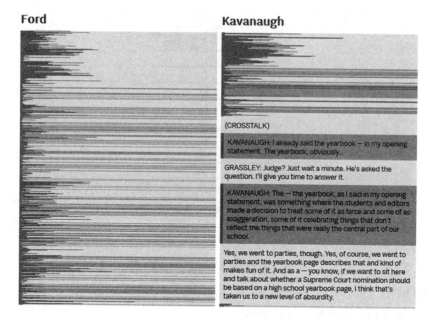

图 3.3.36　证词对比情况

其中，左图为受害者福特的证词，右图为卡瓦诺的证词；深色部分为回避性回答，浅色部分为证明回答。用户可通过点击不同色块查看详细证词。①

【案例剖析四】

公开数据如何在数据新闻中"开新花"

2019年是中华人民共和国成立70周年。回顾70年发展历程，四川人民攻坚克难，创造了令人瞩目的辉煌成就，经济发展迈上新台阶，民生保障持续改善，民族团结进步开创新局面。四川省统计局在这一重要节点，发布了12篇"新中国成立70周年四川经济社会发展成就系列报告"，以翔实的数据对整体经济、工业、农业及科教文卫事业等领域的发展进行了描述。

以上述数据为基础，川报全媒体集群"MORE大数据工作室"策划了数据新闻作品《太"南"了，四川最"南"的选择题都在这儿》。作为国内该主

---

① Every time Ford and Kavanaugh dodge a question，in one chart［EB/OL］.（2021－06－15）. https：//www.vox.com/policy－and－politics/2018/9/28/17914308/kavanaugh－ford－question－dodge－hearing－chart.

题下唯一一个交互式视频作品，该数据新闻作品发布后获得较好反响。下面将以此作品为例，介绍公开数据如何通过策划成为热门作品。

不好的数据新闻作品，各有其短，但是好的数据新闻作品总结起来应具有以下几个特征：

（1）具有新闻价值。

好的数据新闻作品能使读者认识未知或颠覆旧识，读到新的故事，了解新的趋势。

（2）具有易读性。

移动端阅读时代，可以沉下心来深度阅读的受众越来越少，带有视频、音频、图片等直观信息媒介的碎片化阅读成为常态。这对呈现较宏观的政务数据提出了新的要求。学界、业界不少专家提出"小切口"的操作方法，虽然看起来简单，但做起来不易。

（3）具有交互性。

移动端阅读越来越强调受众的参与感，不但内容要引起受众共鸣和提升受众参与感，而且在形式上也更多地强调受众体验。交互式视频因读者可以选择剧情，生成专属自己的故事结果而被受众喜欢，从而具有较好传播效果。

在策划制作《太"南"了，四川最"南"的选择题都在这儿》时，工作室着重在内容的悬念和形式的交互方面下功夫。

例图 4.1　作品封面

首先，作品设置了带悬念的标题，如例图 4.1 所示。该作品借用了年度热词"太难了"的谐音，并且以"南"的选择题为主线，贯穿整个作品。这样做有两个好处：一是该词确实容易引起受众共鸣和好奇心；二是至少不在标题中出现"70周年""辉煌""新时代""再出发"等受众已经习以为常的字眼。

其次，在交互方式上做出新意。近十年来，新的交互方式层出不穷，生活、工作中的许多场景被转移至移动端。2019年最热门的交互方式恐怕是交互小视频。《太"南"了，四川最"南"的选择题都在这儿》便将多个小节的MG动画以切片的方式放入H5中，来方便受众通过回答"南"的选择题找到专属自己的剧情结局。

最后，对公开数据做减法。在确定了逻辑主线和交互方式之后，针对"新中国成立70周年四川经济社会发展成就系列报告"中百姓可知可感的部分做了甄选，最终保留了"初到四川是先吃还是先玩""在四川工作是要创业还是要就业"两条主线。其中涉及的餐饮、旅游、创业政策、就业情况等核心数据，在受众做出选择后作为佐证数据来呈现。

整个作品的逻辑结构如例图4.2所示。

在传播方式上，二维码或链接分享都非常适合作品在移动端传播。

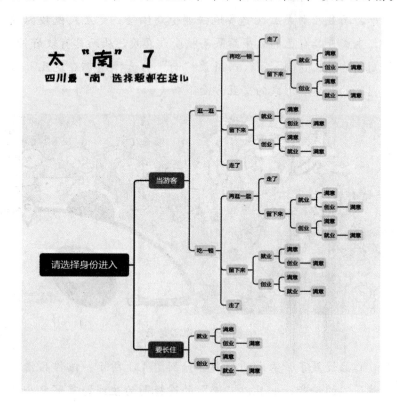

例图4.2　作品逻辑结构图

【案例剖析五】

采集公开数据得出传播力分析报告

2019 年 3 月 8 日上午，十三届全国人大二次会议四川代表团举行开放日活动，来自人民日报社、新华社、中央广播电视总台、路透社、共同社等 76 家境内外媒体的 240 余名记者近距离品读四川。

2018 年 11 月，四川省委书记彭清华在香港参加"川港澳合作周·走进香港"活动时，曾用"三九大""四五六""铁公机""1＋3"四组关键词来介绍四川的特点，引起境内外广泛关注。面对海内外媒体的"长枪短炮"，四川代表团坦诚回答提问，生动介绍发展情况，再一次用"三九大"等"新名片"提升了四川的知名度和影响力。

传播学奠基人之一拉斯韦尔（Lasswell）提出过传播的"5W 模式"，即谁（who）、说什么（says what）、通过什么渠道（in which channel）、对谁（to whom）、取得什么效果（with what effects）。这五个要素又构成了传播学研究的五个基本内容，即控制分析、内容分析、媒介分析、受众分析和效果分析。

川报全媒体集群"MORE 大数据工作室"针对"四川代表团开放日"中的核心传播内容"三九大""四五六""铁公机""1＋3"等关键词进行了传播效果分析，告诉读者四川代表团开放日以及上述关键词的被关注度有多高。

通过数据爬取和清洗得出，从 3 月 8 日 0 点至 12 日中午 12 点，在 400 万个网站、微信公众号、微博、视频平台、论坛及知乎等社交类平台中，"四川代表团开放日"的相关稿件有 2906 条。3 月 9 日的传播情况最好，共发布相关稿件 1008 条，过半数转发自《四川日报》。可见即便是在移动端阅读时代，党报依然是内容生产大户，在一些领域拥有绝对话语权。

在"四川代表团开放日"的相关稿件中，有 2207 篇提到了"三九大""四五六""铁公机""1＋3"，占比 84％。其中，最受关注的是代表四川省发展机遇的"1＋3"，即习近平总书记提出的共建"一带一路"倡议和新一轮西部大开发、长江经济带发展、"9＋2"泛珠三角区域合作三个国家区域发展战略。"1＋3"的相关稿件有 560 篇，占稿件总量的 25.4％，可见媒体最关心的还是四川省的未来发展趋势。

"四川代表团开放日"的相关信息覆盖了 26 个省（区、市），其中关注度高的地区集中在北京、四川、重庆三地。对全部稿件进行了虚词的清洗和实词的权重分析后发现，"建设""经济""文化""脱贫""旅游"等词成为报道重点。

针对"四川代表团开放日"，川报观察自制 MV "《生僻字》（四川版）"成为"爆款"，首推当天就创下 10 万以上的转发记录；截至 3 月 12 日中午 12 点，浏览量超过 1050 万次，获上千条网友评论。有网友用"主题好、内容足、够味道、肯定火"12 个字点评该作品。

总的来讲，制作传播力分析类作品总共需要 4 个步骤。首先，要整理出主题、统计时段、数据来源；其次，要对相关数据发布渠道的属性、地域、趋势等维度进行梳理和分析；再次，推荐使用"词云"的分析方法，利用这一方法可以更好地统观全局，用最少的词掌握最核心的内容；最后，推荐使用"典型案例"的数据画像，以便读者在统揽全局后，对重点内容有更为具体的了解和掌握。

传播力分析报告不但可以反映此次事件的报道效果，也可以为下次相关事件的策划提供参考。哪些内容更有传播力、哪些专家更有观众缘、哪些角度更容易让读者接受等传播要素在数据分析下会显得更加具体、清晰。

（高敬）

第四讲

如何进行数据可视化

数据新闻是一个跨学科的前沿领域，融合了多种新闻理念。目前，信息可视化被大量应用于新闻传播中。一方面，随着互联网技术、大数据技术的飞速发展，媒介竞争的加剧，大型传媒集团开始探索实践媒介融合，即在"全程、全息、全员、全效"的全媒体基础上促进媒介融合发展。另一方面，受众有在短时间内获取大量信息的需求，而富有直观性、便捷性、趣味性、形象性的图像信息，能帮助人们洞察事物规律，提高人们的认知和判断能力，降低阅读的门槛，增强传播效果。媒介环境的变化，受众信息需求的变化，使得传统的传媒业在新闻生产理念上发生了变革。因此，将信息可视化引入新闻传播中，对简化数据新闻生产流程和提升传播效果起到了非常重要的作用。

第一节

如何使用数据讲故事

财新传媒可视化设计总监冷斌认为，"可视化＝故事＋数据＋设计"。本质上，可视化即对已知故事或数据进行归纳、演绎，并通过一些设计方式呈现出来。可视化设计的两种思路为：讲故事，根据故事找数据；发现故事，根据数据说故事。

一、数据新闻可视化的功能与优势

（一）挖掘分析数据，厘清逻辑关系

以川报全媒体集群"MORE 大数据工作室"发布的《说画算数⑧｜数读中小企业复工率：进一步加强财税金融政策》为例，在 2020 年初新冠肺炎疫情之后的中小微企业复工复产阶段，工作室结合 28 个省（自治区、直辖市），168 个地市，26 个子行业，2000 多家中小企业，2000 余台机器设备的实际运转数据，多角度展示中小企业复工状况，并邀请专家从行业、地域、发展趋势等维度展开分析，为企业有序复工支招，如图 4.1.1 所示。

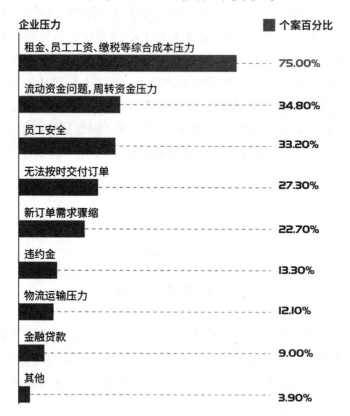

中小企业主要压力分布

图 4.1.1　中小企业主要压力分布图

　　数据新闻可视化叙事的基本要素是数据。挖掘数据，通过分析和对比数据之间的关系，可以找到其背后的意义和价值——或揭示事物之间的关联、事件背后的原因，或还原事实，或预测事物发展的趋势。

　　（二）适时展示现场，再现新闻场景

　　以川报全媒体集群"MORE 大数据工作室"发布的《一组动图带你看四川省现代农业园区建设现场会》为例，作品再现了 5 个现代农业园区建设现场会点位情况，受众通过跃动的数字可以了解到 5 个市州的现代农业园区特色产业的发展成效，如图 4.1.2 所示。

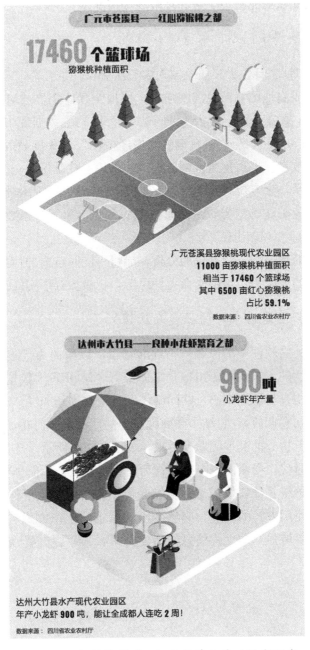

图 4.1.2 数据新闻《一组动图带你看四川省现代
农业园区建设现场会》截图

我们可以看到，借助可视化手段，采用影像数据客观展示现场情况，采用数据、动画等方式再现新闻场景，对受众没有看到的事件发生过程进行演示，能够帮助受众更完整地了解和理解现场情况。

（三）理性揭示问题，探寻事实真相

2020 年 5 月 22 日，十三届全国人大三次会议在京开幕，政府工作报告明确提出要推动成渝地区双城经济圈建设。川报全媒体集群"MORE 大数据工作室"从微博、微信公众号以及全网 400 万个网站等数据源中，采集分析了2020 年 1 月到 5 月间，与"成渝地区双城经济圈"相关度高的 81747 条报道数据，从报道数量、报道覆盖范围、报道中的川渝"画像"、相关稿件占比等方面的数据入手，全方位解读川渝地区在相关报道中展现出的形象，以及川渝各地区被媒体关注的差异，最终形成数据新闻《8 万余条数据解密：成渝双城经济圈如何"C 位出道"?》。

对多维度的数据进行全方位的分析，能将不同时空内的信息整合在一起，进而增强报道的说服力，帮助受众理性思考，积极探寻事实的真相。

（四）分析受众需求，增强受众反馈

近年来，社交软件中的消费行为逐渐普及，以微商为代表的社交电商已渗透到生产生活的方方面面。川报全媒体集群"MORE 大数据工作室"联合中国家庭金融调查与研究中心，共同制作发布了数据新闻《"3·15"消费者微商购物维权问卷调研》，总结了微商维权中的"梗阻"何在，并采集了民众在微商消费中所担心的其他问题及诉求，如图 4.1.3 所示。

在新媒体时代，受众的媒介接触行为发生了变化：从信息获取途径来看，不再仅仅依靠传统媒体获取信息；从媒介使用来看，受众更注重参与性和便携性。需求和使用方式的改变，必然会影响信息的生产方式和传播方式，因此，新闻产品要增强互动性，信息传播要跨平台，以提升受众的参与性和体验感。

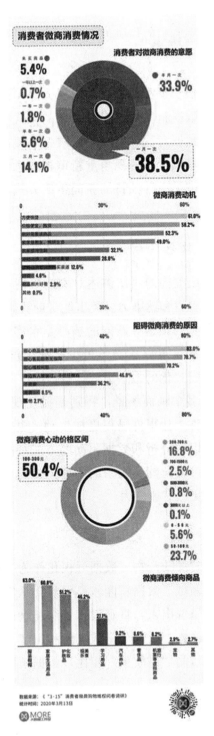

图 4.1.3　数据新闻《"3·15"消费者微商购物维权问卷调研》截图

二、用数据讲"故事"

数据新闻实现了植根于事实的内容和吸引人的形式美感的统一。和其他类型的新闻叙事一样,数据新闻通过讲述故事的方式将受众引入一个新闻事件或话题中;通过挖掘数据背后的信息,使数据凸显出其价值,给受众提供有价值的观点,帮助受众以全新的视角重新审视熟悉的事物。数据新闻不仅为媒体的专业化发展提供了一种独特的新闻生产方式,也为传播者和受众提供了更加有效的沟通渠道。[①]

(一)为什么讲"故事"

故事,是指真实的或虚构的用作讲述对象的事情,具有能够体现主题的情节和连贯性,富有吸引力和感染力。故事能帮助我们理解问题和应对问题。新闻,是新近发生的事实的报道。新闻的核心是事实。在新闻中,时间、地点、人物、原因、怎么样这五要素必不可少。现在越来越多的主播、记者、编辑摒弃以前格式化、模式化的报道方式,变身为一个现场的讲述者,从现场客观事实出发,配合多个画面场景,特别是抓住现场的一些感性的细节,以讲故事的方式解说事件,让事件显得更加生动,更富有感染力,更能调动受众情感。数据新闻可以用分析和数据驱动的方式将故事讲述得更好。在新闻的叙事中,通过数据可视化能让复杂的问题简洁化、清晰化,让故事更客观、更鲜活、更生动、更具有影响力。

(二)如何讲"故事"

数据新闻是大数据时代的产物,数据可视化作为一种新颖的信息形式和策略被应用于新闻传播领域。数据新闻叙事仍然要从客观事实出发,将数据分析结果以可视化方式呈现出来,直观展示错综复杂的关系,揭示事件背后的真相,预测事件发展趋势,让受众能从广度和深度上理解新闻事件及其背后隐含的含义。与传统新闻"讲故事"相比,数据新闻"讲故事"有以下几个方面的创新。

---

① GRAY T, BOUNEGRUL L. The data journalism handbook:how journalism can use data to improve the news [M]. Sebastopol, CA:O'REILLY Media, 2012:191-192.

1. 数据新闻的讲述者：角色多元化

与传统的新闻制作不同的是，数据新闻的生产者不一定是传统意义上的记者、编辑，也有从事数据挖掘、数据分析的专业人士，还有数据分析爱好者。他们扮演着旁观者、阐释者、预测者的角色，从数据中发现新闻线索，用"数据"说"事实"，更加客观，减少了对受众接收信息的干扰。此外，传统的新闻生产主要由文本创作者、事件讲述者来完成，而数据新闻的生产更体现了跨专业领域的通力协作，涉及记者、编辑、数据分析人员、视觉设计师、美工等专业技术人员。

2. 数据新闻的讲述方式：数据驱动化

数据新闻讲故事的最大特点就是数据驱动。传统的新闻叙事更多的是以文字为主，以数字、图片为辅。数据新闻侧重用数据"说话"，不会像传统的文本类新闻一样要考虑其所处的语境，因而在内容表达上更清晰，更具客观性，特别是在视觉呈现上融入多样化的设计风格，具有美感和趣味性，增强了传播效果以及受众的参与度。

3. 数据新闻的讲述结构：结构多样化

传统新闻的叙事结构相对固定，会有标题和导语，并按照新闻价值的大小，即新闻事实的重要程度、新鲜程度，以及读者感兴趣的程度等，采用倒金字塔结构。随着大数据技术的不断进步，新媒体时代对传统新闻的叙事结构形成了冲击。数据新闻可视化叙事是对传统新闻叙事方式的深加工与创新，其叙事结构更加多样。例如，可以按照时间顺序或根据事态发展不断更新信息，即采用线性叙事结构；也可以从某一个点切入，围绕某一个主题展开叙事；还可以从数据背后的规律和内在逻辑出发，运用文字、图片、视频、音频、数字地图等不同形态的组合，对事件进行全面、多维、立体的融合报道，满足受众不同层面的信息需求，使受众更好地解读文本信息，促进信息的传播。

第二节

可视化的表现形式

数据是构成信息图表的内容元素。对于同一组数据可以做出不同的阐释和解读，不同的可视化呈现方式所传达的信息也不同。怎样向受众解释繁杂的数据，并给予其足够的信息呢？为了实现数据与新闻的深层次融合，改善受众理解复杂新闻信息的体验，新闻生产者必须更好地理解数据，掌握不同类型的可视化表现形式。

一、信息可视化图表中的基本元素

信息可视化属于视觉传达的一种设计，是以凝练、直观和清晰的视觉语言，通过梳理数据构建图形，通过图形构建符号，通过符号构建信息，以视觉化的逻辑语言对信息进行剖析的视觉传达方式。[①] 信息可视化图表中最基本的元素包含数据、配色和图形，如图 4.2.1 和图 4.2.2 所示。

图 4.2.1　信息可视化图例

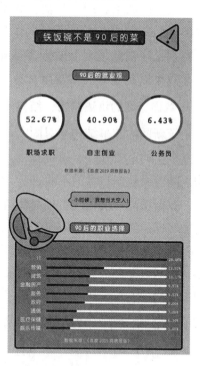

图 4.2.2　信息可视化图例

---

① 于梦璇，杨吟川. 信息可视化图表设计在数据新闻中的应用［J］. 大众文艺，2017（19）：57—58.

（一）数据

信息可视化图表中，对图表设计而言尤为重要的就是数据。数据新闻的信息传递离不开有说服力的数据，数据是构成数据新闻的重要元素，是文章的中心思想。可视化图表是经过信息提炼后便于读者阅读的视觉语言，所以从收集数据到展示数据再到最后总结描述数据，每一步都可能影响读者对文章的理解。可视化图表如同文字报道一样，有标题、导语、主体、背景等内容，如图4.2.3所示。使用数据要考虑语境，发现数据价值，区分主要信息、次要信息和支持性信息的设计。

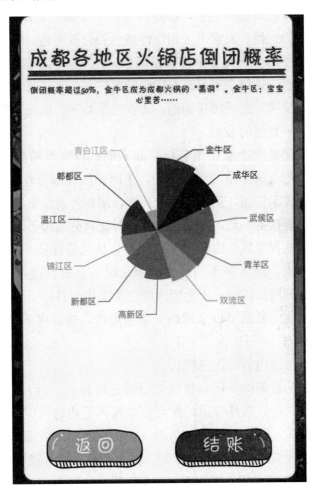

图4.2.3　信息可视化图例

（二）配色

色彩是有意义的，是非常有效的表现工具。色彩的心理特征与人的体验有着密切联系。通常红色、橙色、黄色能给人积极、热情、温馨、亲切的感觉，而蓝色则会给人理性、坚毅、深远的感觉。在数据新闻可视化图表设计中，配色方案会影响人们对信息的理解。因此，选择正确的配色方案将显著地提升数据新闻产品传达信息的效果。对于色彩的使用，要注意以下要点：

①尽可能使用两种主要的色彩，不要使用多种颜色来呈现同一组数据。

色彩运用得过多，会让读者眼花缭乱，以至于不知道应该关注新闻的哪一部分。集中、有效地运用色彩，能够凸显图表中最重要的部分，引起读者对新闻信息更多的兴趣。通常可采用定性调色和分散调色。

定性调色主要用在分类展示的数据图中，比如不同国家、不同企业、不同个体的分类展示，且每个类目没有固定的顺序。

如果类目是按照一定顺序排列的，或者就是数字，那么可用顺序调色板，用颜色的深浅表示数据的多少。

分散调色更像是两个顺序调色板拼起来的，较暗淡的颜色在中间部分，两边为明亮的颜色。这样做的意义在于，中间暗淡的部分作中心值或者参考值，比如用蓝色表示正面，用橙色表示反面，用灰色表示中立。

②系列配色要保持一致，不要使用强烈对比色分散读者注意力。

图标、图像的视觉风格以及尺寸应当和整体风格保持一致。如果整个报道里包含很多图表，那么在不同的图表中，同一个类目最好用同一种颜色。这样读者在从头到尾阅读时，不会因为颜色所指代的目标变了而感到读不懂。从低到高有序变化的数据可以采用渐变色系配色，按顺序渐变，浅色表示低值，深色表示高值。

③选择基于报道内容的配色模式。

颜色可以起到强调的作用，使视觉呈现变得容易。因为色彩的色相、明度有足够的差异，所以选择合适的配色模式来匹配内容可以起到添加辅助信息的作用。比如做一张支付宝和微信的支付情况对比图，那么用蓝色指代支付宝，用绿色指代微信就非常合适，因为两个产品的标志就用了这两种颜色。在川报全媒体集群"MORE大数据工作室"所做的题为《2020川茶竞争力榜单》的报道中，基于茶叶这一主题进行配色的可视化呈现效果如图4.2.4所示。

图 4.2.4　数据新闻《2020 川茶竞争力榜单》封面

④从受众出发考虑配色。

在不同情况下，颜色是有不同意义的。明度高的绿色给人富有活力、健康的感觉，深绿色给人比较稳重的感觉，蓝色给人可靠的感觉。有研究表明，大部分女性喜欢明度较高的中间色调，男士则更多地喜欢冷色调。而在不同国家和不同文化中，同一颜色的意义也是不同的，比如大红色在我国往往给人一种喜庆的感觉，但在一些国家却可能意味着危险。所以，配色的时候应当考虑具体的受众。

（三）图形

在制作信息图表的过程中，合理利用图形符号，可以增强图表与数据的表现力，使图表有更强的感染力。此外，数据图的呈现方式要灵活，每张图的放置要遵循逻辑。要而言之，图表的选择要考虑两个方面：要通过数据表达什么？各类图表的特性是什么？只有明确了这两点，才能合理选择图表形式。

二、数据新闻中常用的可视化表现形式①

数据新闻实践中常用的可视化表现形式有以下五种。

（一）数据地图

地理空间数据地图是数据新闻可视化的呈现方式之一，它将数据与时间、空间联系起来，能够直观地展示出地理位置与数据之间的关联。

借用数据地图实现数据可视化时，通常可以在数据地图上标注小圆点，用户点击小圆点就可以获取相应的信息。通过缩放地图，用户可以掌握整体和细节信息。此外也可将热力图叠加在地图上，使用户不仅可以了解整体情况，还能发现数据变化的深层原因。

通常在社会性、事件性新闻的报道中，会将数据地图和时间轴结合起来，立体式地呈现给用户，用户点击相应的位置、时间节点即可获得新闻内容，这很好地体现了可视化的交互性。

2020年初，新冠肺炎疫情爆发，全国上下迅速进入了一场与时间赛跑的"抗疫之战"。川报全媒体集群"MORE 大数据工作室"迅速抓取国家卫健委、四川省卫健委相关数据信息，实时公布最新确诊、疑似、死亡病例数据，绘制出《四川战"疫"日报》，以简洁明了的图片语言，让受众第一时间掌握四川省的疫情发展情况，如图 4.2.5 所示。

---

① 安心怡. 浅谈数据新闻可视化的表现形式 ［J］. 魅力中国，2018（11）.

图 4.2.5　数据新闻《四川战疫日报》截图

（二）时间线

　　时间线是基于时间顺序呈现事物发展轨迹的可视化形式，对于表现数据在时间维度上的演变过程有重要作用。在新闻报道中，对于事件众多、时间跨度长的信息来说，可以使用专门的基于时间顺序的可视化方法。用户通过拖动时间轴，就可以看到与此时间相关的详细信息。这不仅使新闻事件具有纵深感和历史感，还能够让受众"玩转"新闻，增强受众的参与感。

　　时间线将单一维度数据或多维数据呈现在图表中，因此也能够对比不同时间段的事物发展变化情况。

川报全媒体集群"MORE 大数据工作室"发布的数据新闻《40 年成都速度》,从商业、交通、产业、对外开放、文化、科技等六个维度出发,以 H5交互形式向受众勾勒出成都改革开放 40 年的发展轨迹,取得了较好的传播效果,如图 4.2.6 所示。

图 4.2.6 数据新闻《40 年成都速度》截图

(三) 气泡图

气泡图可将冰冷、乏味的数据表现得生动有趣。如果数据维度超过两个,即可尝试用气泡图将数据的不同维度映射到坐标轴上，并通过形状、大小或颜色等元素的变化传达信息。在各种新闻中，财经新闻一般"以数据说话"，并且关心数据背后的发展趋势。但对一般受众来说，数据往往是抽象的，对发展趋势的反映并不直观。气泡图则可以很好地解决这个问题。

川报全媒体集群"MORE大数据工作室"制作的《数据说话，致成都地铁加速成网这些年》，将地铁站点做成了可爱的气泡，用气泡大小表示该站点连接路径的多少，实现了较好的视觉效果，如图4.2.7所示。

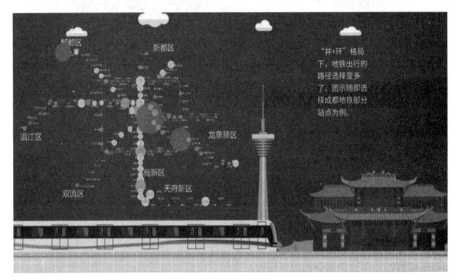

图4.2.7 数据新闻《数据说话，致成都地铁加速成网这些年》封面

（四）交互性图表

具备交互性的可视化新闻，不仅便于受众自主查询更详细的新闻信息，还能使受众从数据中找到属于自己的新闻故事，从而加强宏大的新闻事件与个人的联系，这是传统媒体以及以往的新闻报道方式所达不到的。随着网络技术的发展，在交互性图表中添加地图、动画、音频、视频等都将成为数据新闻可视化的重要发展趋势，这会使受众的参与性和互动性越来越强。

川报全媒体集群"MORE大数据工作室"于2020年2月7日在数据新闻《你的身边有"新冠肺炎"确诊病例曾停留地点吗？一查便知》[1]中正式推出

---

[1] 四川在线. 你的身边有"新冠肺炎"确诊病例曾停留地点吗？一查便知［EB/OL］. （2020-02-08）［2021-01-06］. https：//sichuan. scol. com. cn/fffy/202002/57474160. html.

四川省新冠肺炎确诊病例曾停留地点的查询系统，如图 4.2.8 所示。在该系统中，用户只需要输入自己所处地区，就可以查询自己身边是否有新冠肺炎确诊病例停留过的地点，从而能够更好地做好自身安全防护。

图 4.2.8　关于四川省新冠肺炎确诊病例曾停留地点查询的数据新闻截图

（五）关系图

某些新闻事件涉及错综复杂的人物关系，在这类新闻中使用社会网络关系图能帮助受众厘清人物关系，更好地理解新闻内容。社会网络关系图可运用构图、配色、形状、线条将人物联系起来，还能用颜色和大小对比体现人物的重要程度，使受众对整个事件一目了然。

澎湃新闻"美数课"发布的《图解｜民航新规出台一周，保留国际航线不足百条》，用线条将 2020 年 3 月 29 日至 4 月 4 日的中国国际航线最新安排中的出发地和目的地相连，将二者之间的关系形象地展现出来，可以帮助人们更清楚地看出国际航线的增减变化，如图 4.2.9 所示。

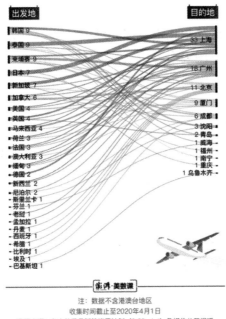

图 4.2.9　数据新闻《图解 | 民航新规出台一周，保留国际航线不足百条》封面

第三节

图表展示的逻辑关系

在学习了数据新闻中的几种基本可视化表现形式及其特点之后，我们将从数据关系的角度进一步介绍图表的运用。

一、基本的数据关系

数据新闻的可视化表现形式的选择，一定是以数据的逻辑关系为依据的。可视化专家安德鲁·阿贝拉（Andrew Abela）对图表数据关系做了进一步提炼，提出将图表展示的数据关系分为四类：比较、构成、分布和联系。

（一）比较

通过该类图表可以轻易地找出数据的最大/最小值，也可以轻松识别、查看过去的数据情况。该类图表主要包括柱形图、条形图、折线图等。

（二）构成

该类图表主要用于展示相对值，有些也可以展示绝对差异，区别在于显示的数据是占总量的百分比还是具体数值。该类图表主要包括饼图、堆积柱形图、堆积面积图、瀑布图等。

（三）分布

该类图表用来查看数值的整体分布情况，便于观察数值范围、集中趋势和异常值等。该类图表主要包括直方图、正态分布图等。

（四）联系

该类图表用来反映多组数据的分布是否具有相关性，比如两组数据中，一组数据是否随着另一组数据的变化而有规律地变化。该类图表主要包括散点图、气泡图等。

二、根据数据关系和数据类型选择图表

对于待可视化的数据，了解其基本的数据关系后，就可以大致确定图表类型，在此基础上，如果能确定其中有哪些数据类型，就可以更进一步确定图表类型。表 4.3.1 列出了数据关系、数据类型与常见图表类型的关系，可为图表类型的选择提供参考。

表 4.3.1　数据关系、数据类型与常见图表类型的对应关系

数据关系	图表类型	数据类型	图例
比较关系	柱状图（条形图）	①分类 ②数值	
	堆叠柱形图	①分类 ②子分类 ③数值	
	南丁格尔玫瑰图	①分类（一般用月份等日期数据） ②数值	
	折线图	①日期（或其他有序变量） ②数值	
	雷达图	①分类（或其他有序变量） ②数值	

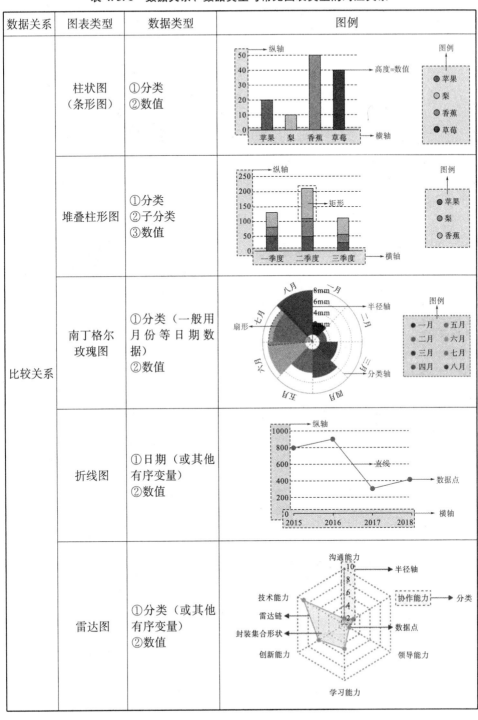

数据关系	图表类型	数据类型	图例
构成关系	饼图	①分类 ②数值	
	旭日图	①父分类 ②父分类数值 ③子分类 ④子分类数值	
	面积图	①日期 ②数值	
	堆积面积图	①分类 ②数值 ③分类	

续表4.3.1

数据关系	图表类型	数据类型	图例
分布关系 联系关系	直方图	①数值数据范围 ②频数	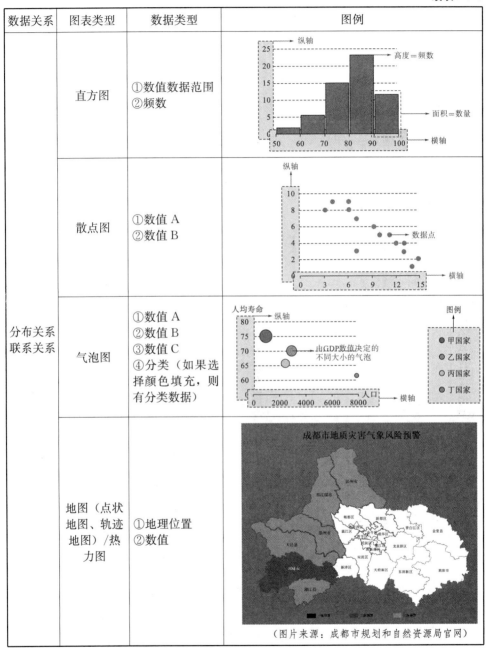
	散点图	①数值 A ②数值 B	
	气泡图	①数值 A ②数值 B ③数值 C ④分类（如果选择颜色填充，则有分类数据）	
	地图（点状地图、轨迹地图）/热力图	①地理位置 ②数值	

（图片来源：成都市规划和自然资源局官网）

　　在实际应用中，也存在需要展示多种数据关系的情况，那么就需要根据数据关系和数据类型选择对应的图表类型进行综合运用。

　　图4.3.1给出了根据数据关系选择相应的图表类型的建议。

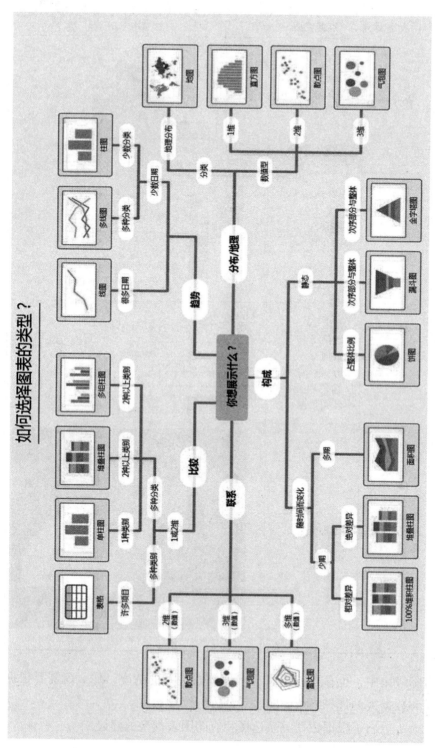

图 4.3.1 选择图表类型的参考思路

三、图表制作方法（以"镝数聚"平台为例）

（一）背景简介

表 4.3.2 所示为某公司的财务数据，现需将该数据以可视化方式呈现。

表 4.3.2　原始数据

年份	销售费用率/%	管理费用率/%	财务费用率/%
2016	8.3	13.2	0.4
2017	4.7	13.6	0.7001
2018	2.4	14.3	0.6001

（二）分析数据

在明确报道目的并获得相关数据后，需要深入分析数据。对该案例中的数据分析如下。

销售费用率：公司的销售费用与营业收入的比率，用于分析企业产品的销售难度。一般而言，如果销售费用率低于 15%，则可认为该产品比较容易销售。

管理费用率：公司的管理费用与营业收入的比率，用于分析企业的管理成本。

财务费用率：公司的财务费用与营业收入的比率，用于分析企业的财务负担。

通过分析发现，对上述数据可从两个角度进行可视化。一是做时间上的动态对比，以各指标的变动趋势来描述该公司的产品销售、财务负担等情况的变化。二是直接以具体数据来反映公司经营情况，例如，该公司的销售费用率常年低于 15%，最低达到 2.4%，说明该公司产品的销售成本较低，容易被市场接受。本案例中选择前一种方式。

（三）选择图表

本案例中的数据为分类数据且有具体数值，时间跨度只有 3 年，因此可以选择相对简单的图形，如柱状图。

（四）制作图表

步骤一：在浏览器中搜索"镝数聚"或者输入网址 https://www.dydata.io，进入镝数聚首页。在数据分类窗口中找到需要的数据，复制下来备用，接着进入数据可视化窗口，如图 4.3.2 所示。

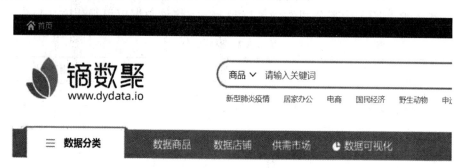

图 4.3.2 "镝数聚"首页

步骤二：在图表模板中找到需要的图表类型，如图 4.3.3 所示。

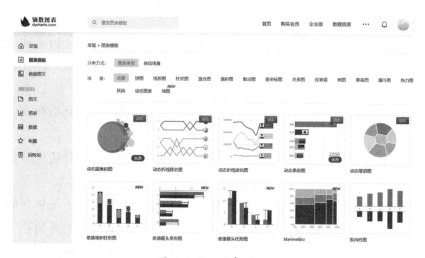

图 4.3.3 图表模板

步骤三：进入页面右上角的"编辑数据"栏，将原有的数据删除，将之前复制的数据粘贴进去，如图 4.3.4 所示。在标题栏里将标题设置好，并将附加信息中的选项全部取消勾选，一张简单的柱形图就做好了，如图 4.3.5 所示。

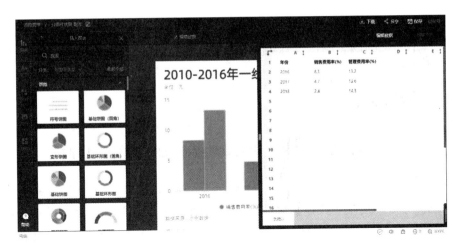

图 4.3.4　"编辑数据"栏

2016—2018年××公司费用率情况

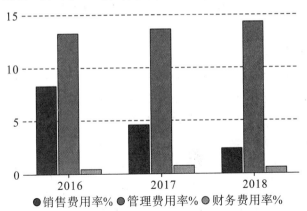

图 4.3.5　完成的柱状图

最后，不要忘了对图表中的关键信息进行解释。例如：

①该公司的销售费用率常年低于 15%，最低达到 2.4%，说该公司产品的销售成本较低，非常容易被市场接受。

②2016—2018 年，该公司的销售费用率逐年降低，说明这三年该公司的产品越来越受欢迎。

③在这三种费用率中，管理费用率最高。通过调查发现，这与该公司业绩较好，销售规模扩大有关。

④该公司的财务负担变化不大，没有显示出明显的财务负担。

在实际应用时，不一定将所有分析结果列出，应根据报道内容选取侧重点。

其他类型的图表制作过程类似，这里不再展开介绍，有兴趣的读者可自行了解。

【案例剖析六】

从《让你成"名"更有数》看局部与整体的协调

2019年3月21日，四川40个县被选为"首批天府旅游名县候选县"。3月25日到28日，川报全媒体集群"MORE大数据工作室"重磅推出"天府旅游名县建设大数据系列专项报告"，从旅游资源、酒店住宿、招牌美食、夜生活消费、厕所分布、交通、全网曝光度、网友热评等8个维度对40个天府旅游名县候选县进行数据画像和精准定位，推出8个专项报告，助力天府旅游名县建设。

通过这组作品，可以深刻体会到局部与整体的统一对作品内容完整度和视觉优雅度的重要性。

一是逻辑协调。

此系列作品对照四川省文化和旅游厅发布的天府旅游名县评审规则对评价项目进行了选取和组合，使8个篇章的场景逻辑和数据逻辑相互对应。例如，将重点检查项目中的"夜游活动"与"特色住宿与餐饮"相结合，调整发布了"夜生活消费"篇。

新闻工作者在策划制作系列作品时，遇到的第一个问题往往是为什么该系列作品是由这几篇组成的，即社会学研究方法中的"概念的操作化"和"如何量化"问题。所谓"概念的操作化"指的是将抽象概念转化为可观测的具体指标。操作化过程就是一步步地将抽象层次转化为经验层次，找到变量及指标，用流程图表示为：

将上述流程应用到这个系列作品中即为：

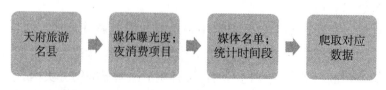

在此也一并介绍下常用的4种测量方法：定类测量，应用场景有性别、

交通方式、经营状况等；定序测量，应用场景有收入状况、学历情况、城市规模等；定距测量，应用场景有年龄、温度、距离等；定比测量，应用场景有市场份额、身高、绿化率等。

在《让你成"名"更有数》中，使用最多的是定类测量法，即通过分级指标划分完维度后，针对该维度具体涉及的数据源进行数据采集。例如分别根据"注册餐厅数量"和"金牌旅游小吃数量"两项指标来完成"餐饮美食篇"，首先通过天眼查进行了"注册餐厅数量"的爬取，又对四川省文化和旅游厅发布的两届"金牌旅游小吃评选"名录进行了对应区县的统计，从而完成测量。

二是风格统一。

该系列8个篇章，出自3位设计师之手，每篇的主题色皆不相同，但整体设计风格又趋于统一。它从以"旅游"为主的角度出发，结合旅游者脑子里蹦出的愉悦的情感，采用了不同的渐变色体现这种丰富的感情。这种不同颜色的设计能给读者一种新鲜感和期待感，比起单一颜色具有更加活泼的感觉。

在配色中，采用"60—30—10"的法则，60％为主色调，30％为二次色，10％为强调色。而每张报告的颜色都与其内容有关联，因为除美学意义以外，颜色还是情绪和联想的创造者，就像蓝色代表负责、宁静，白色代表纯洁、沉默，绿色代表新鲜、安全。在"交通便捷篇"中主色采用的是绿色，因为出行最重要的便是安全；在此基础上，以巧妙配色让人不缺少新鲜感。

在类似系列作品的设计中，我们需要保持色彩的对比，给自己想要突出的重点一抹亮色。远离纯灰度和黑色是一种很聪明的做法，因为最好的配色来自自然，而在现实生活中是不存在纯黑与纯灰的。配色是一种比较难把握的技巧，设计者所需要做的就是使之看起来更和谐。

以上便是对《让你成"名"更有数》系列作品在技术方面的总结和梳理。希望读者在阅读本系列作品时，不要将数据新闻简单理解为仅仅是数据可视化的展示，而忽略了背后的逻辑及展示的艺术感。

（高敬 李然）

【案例剖析七】

信息告知与设计之美——数据信息图"玩"出新花样

为参加2018年的"凯度信息之美"大赛，笔者创作了数据新闻《互联网十年——超级"马李傲"》。该作品的设计风格不同于适配移动端的信息长图，而是按照参赛要求，设计制作了适配电脑端的大图，整体风格也更国际化。

2008年，中国网民总数达到2.98亿人，首次跃居世界第一。截至2018年，中国网民总数达8.3亿。十年间，中国互联网行业飞速发展，"二马一李"（马云、马化腾、李彦宏）创立的百度、阿里巴巴和腾讯（业界习称BAT）成为引领互联网江湖的三巨头。本数据新闻就以BAT为新闻素材，管中窥豹，呈现中国互联网十年发展盛景。

百度、阿里巴巴、腾讯在很长一段时间里都是中国互联网行业的标杆，那么这三巨头是如何从0到1，从默默无闻到建立自己商业帝国的呢？带着这个问题，笔者按图索骥，通过数据追溯到十年之间BAT三家企业投资的近1000家公司，描绘出它们如何以平均每年投资100家企业的速度扩张版图。除了寻找BAT的发展路径，笔者还追踪了当前衣食住行游购娱等方面具有影响力的App数据，以BAT三条"大鱼"及"小鱼"们的拓展数据及用户行为数据为基础，绘出了互联网大河中的主要场景。整篇信息图主要由网民人数变化、BAT投资企业、领域以及互联网十年（2008—2018）间发生的大事组成，既在纵向挖掘了历史纵深，又在横向铺开了行业数据全景。

用数据讲好故事，数据提炼是关键。笔者从200多万组数据中提炼出2536组核心数据进行呈现，反映出过去十年网民增加了5亿多人次，手机网民用户增长近15倍；BAT三家公司过去十年的投资遍布27个领域，共计投资了近1000家企业。其中，腾讯的投资版图最大，共投资531家企业。数据还反映出，生活服务和影音图像类App的用户使用率较高，阿里系的支付宝和淘宝的市场渗透率较高，社交通信类App被腾讯的微信和QQ占据头部位置。十年间，BAT三家企业的互联网业务已贯穿人们的生活。

可视化呈现是这个作品的重头戏，也是耗费精力最多的一个环节。即使删繁就简，只呈现2536组核心数据，处理难度也着实不小。静态信息图与交互式网页不同，无法多层级展现数据，全部内容必须一目了然。作品在设计上以国际化的审美理念为基调，引入星河的概念，通过灵活使用雷达图、变形柱状图、时间轴图来呈现网民数量、投资企业数量随时间的变化。创意上引入星空的概念，既表达出互联网"星空"里，BAT 就如三颗恒星，其投资的企业就如围绕在周围的小行星之意，又使视觉上非常壮观。信息图主要由三大板块构成，分别是 BAT 投资版图、解说文案和大事件时间轴，画面清晰简单，减轻读者阅读压力。色彩上以深色打底，模拟星空的黑色背景，重要信息则用亮度较高的荧光色，如暗夜中耀眼的星星，兼顾信息表达和视觉美感。整张图表，做到了数据与设计的较好结合。

《互联网十年——超级"马李傲"》之后，笔者又制作了四川本土版的互联网地图。如果说《互联网十年——超级"马李傲"》是对中国互联网江湖过去十年的数据画像，那么后续系列作品《新社交时代》《数字娱乐时代》《智慧生活时代》则是从全国聚焦到四川，从用户月活量排名前 300 的 App 中选择了社交、娱乐和生活服务三个维度来分析，并定位到四川，分析四川各市（州）用户之间以及四川用户与全国用户整体之间在 App 使用上的差异。这些作品既能在数据中发现有趣的信息，也能落地本土，激发本地用户的阅读兴趣。

《互联网十年》系列作品仍有可进一步优化的地方。正如前文所言，互联网太大，十年时间太长，仅用一图不足以道尽中国互联网这十年，在广度上仍有不少具有代表性的企业未涉及，在深度上对于 App 的用户月活度的分析也仅止于表层，还可作纵深挖掘，甚至每一个维度都可另起炉灶成为单独的专题。

（黄爱林）

第五讲

如何借助工具快速制作数据新闻

第一节

制作静态数据图

一、技能目标

（1）认识静态数据图的制作平台。能够制作静态数据图的工具软件有很多，大致分为两类：一种是利用图表进行制作的，比如 Excel、Illustrator 等，可以按照自己的主观意愿进行设计；另一种采用的是集成方案，即提供大量开发好的模板以及相关图片部件和小工具，仅需要修改参数即可，比如镝数聚（dydata）、亿图（infographic）、Venngage、Piktochart 等。

（2）掌握"镝数聚"平台的使用方法。

二、任务描述

（1）根据提供的示例图，完成静态数据图表的仿制。

（2）能够精准设定信息图表的大小，完成指定数据录入。

（3）尝试分析示例图的风格特点。

（4）仿制的数据图表应尽量接近示例图，借此熟悉工具的使用。

三、制作过程

1. 折线图

由示例图（图 5.1.1）可知，该信息图属于线形图。

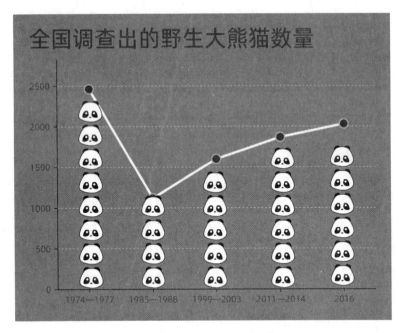

图 5.1.1　示例图

步骤一：打开"镝数聚"主页（https://www.dydata.io），进入"可视化工具"栏目，在图表模板中找到线形图，如图 5.1.2 所示，点击选择基础折线图。

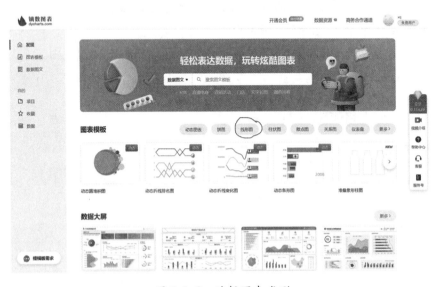

图 5.1.2　选择图表类型

步骤二：点击页面右上角的"编辑数据"，导入提前准备好的不同时间段的野生大熊猫数量的数据，如图 5.1.3 所示。

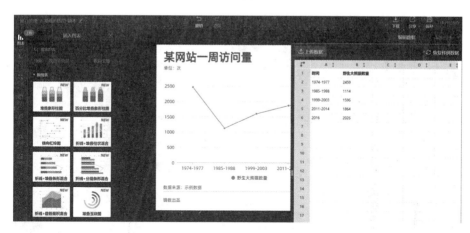

图 5.1.3　导入数据

步骤三：点击页面右上角的"编辑图表"，可以编辑图表各项属性。首先点击"画布颜色"选项，把画布颜色改成绿色；点击"标题"选项，把标题改为"全国调查出的野生大熊猫数量"。再点击"附加信息"选项，取消下面所有勾选，将"颜色"栏改成白色。最后点击"标签"选项，取消下面的勾选，点击"轴、网格线"，把 x 轴、y 轴颜色改为黑色，将"样式"栏里的线宽设为 4，节点半径设为 7，描边颜色设为黄色，填充颜色设为绿色，如图 5.1.4 所示。

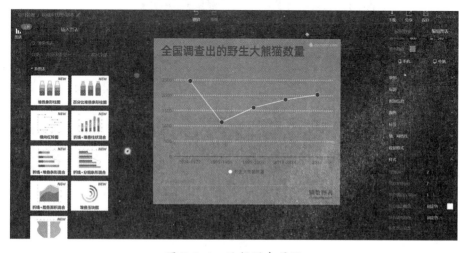

图 5.1.4　编辑图表属性

步骤四：点击"保存""下载"，格式设为 PNG，输出宽高为 1200×938，如图 5.1.5 所示。

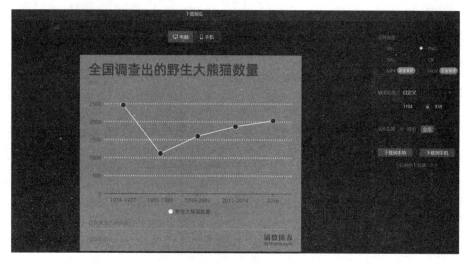

图 5.1.5　下载图片

步骤五：把下载的图片导入动画制作软件 An（Adobe Animate）中，在空白区域选择"椭圆工具"，描边颜色选择黑色，填充颜色选择白色，画一个椭圆并进行适当调整，如图 5.1.6 所示。

图 5.1.6　绘制大熊猫头部轮廓

步骤六：选择"椭圆工具"，取消描边颜色，画一个黑色的小圆。对该图形进行群组（快捷键 Ctrl+G）之后，点击右键，选择"移至底层"。此后再复制一个此图形，作为大熊猫的耳朵，如图 5.1.7 所示。

图 5.1.7　绘制大熊猫的耳朵

步骤七：选择"椭圆工具"，画一个黑色小圆。点击"选择工具"，对该图形作适当调整，作为大熊猫的眼睛。最后再画一个白色小圆，作为眼珠。再复制一个即可，图 5.1.8 所示。

图 5.1.8　绘制大熊猫的眼睛

步骤八：选择"矩形工具"，把"矩形选项"设为 30，填充颜色设为黑色。绘制出一图形后，将该图形旋转 45°，之后选择"任意变形工具"，裁掉图形下半部分，最后缩小，即完成大熊猫鼻子的绘制，如图 5.1.9 所示。

图 5.1.9　绘制大熊猫的鼻子

步骤九：框选整个熊猫，缩小后复制多个，排列整齐。

步骤十：导出图像，格式为 GIF（取消勾选透明度）。最终效果如图 5.1.10 所示。

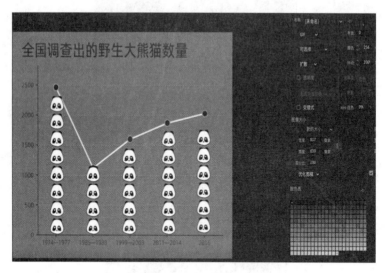

图 5.1.10　效果图

2. 柱状图

由示例图（图 5.1.11）可知，该信息图属于柱状图。

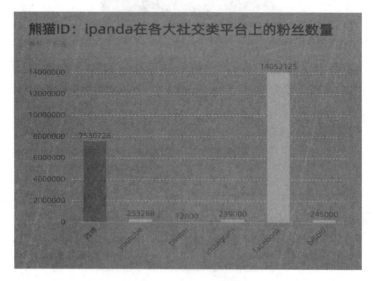

图 5.1.11　示例图

步骤一：打开"镝数聚"主页（https://www.dydata.io），进入"可视化工具”栏目，在图表模板中找到柱状图，如图 5.1.12 所示，点击选择基础柱状图。

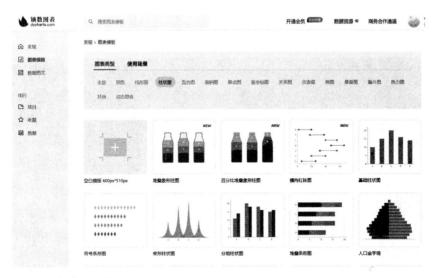

图 5.1.12　选择图表类型

步骤二：点击页面右上角的“编辑数据”，导入准备好的数据，如图 5.1.13 所示。

	A	B	C	D	E
1	社交媒体平台	ipanda粉丝量			
2	微博	7530728			
3	youtube	253288			
4	twitter	12800			
5	instagram	239000			
6	facebook	14052125			
7	bilibili	245000			
8					
9					
10					
11					

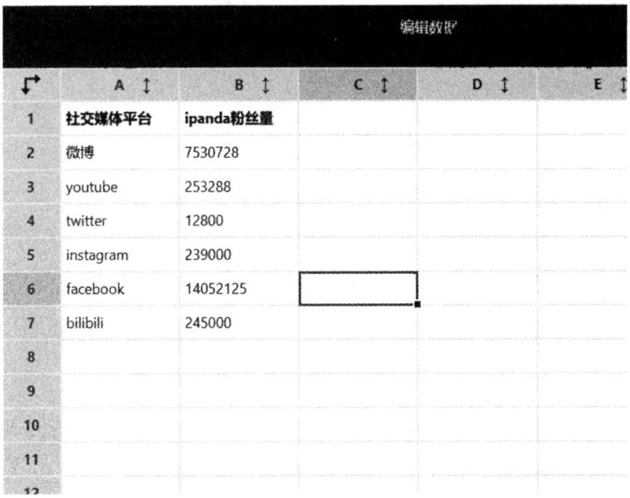

图 5.1.13　导入数据

步骤三：点击页面右上角的“编辑图表”，可以编辑图表各项属性。把画布颜色改成绿色，把标题改为“熊猫 ID：ipanda 在各大社交类平台上的粉丝

数量","附加信息"栏下只勾选"单位",取消"标签"栏下的勾选,点击"标签",勾选"数值标签显示",取消"图例"的勾选。

步骤四:点击"保存""下载",格式设为PNG,输出宽高为1200×938,如图5.1.14所示。

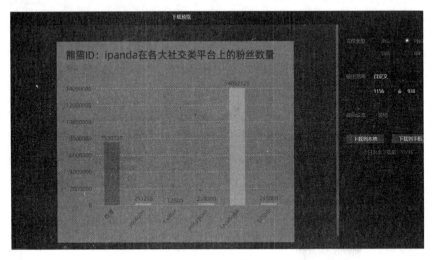

图 5.1.14　下载图片

第二节

动态数据可视化实战演练

动态数据图也是数据新闻常用的数据可视化呈现形式。相较于静态数据图,动态数据图在视觉上更能吸引读者的眼球,引起读者注意。

下面我们运用"花火数图"(Hanabi)在线图表制作工具来制作一张动态数据图。

步骤一:进入"花火数图"官网(https://hanabi.data-viz.cn),登录账号,按照需求选择图表类型。

这里我们根据"川渝互相投资中的资金流向情况"中"四川对重庆区县投资排名"的数据清单,选择动态排名图,如图5.2.1所示。

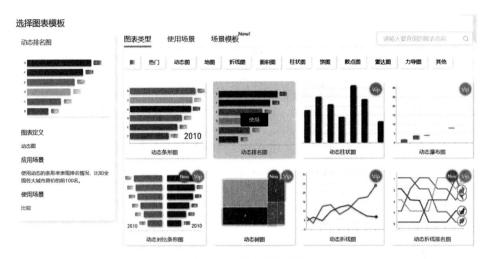

图 5.2.1 图表模板栏目

步骤二：点击"数据编辑"，上传已经清洗好的数据（Excel 文件）。需要注意的是，编辑工具默认只读取 Excel 表格的前两张表（sheet）。

如图 5.2.2 所示是清洗后的数据。

	区县	金额	占比
1	川渝互相投资中的资金流向情况		
2	四川对重庆		
3	区县	金额	占比
4	江北区	376857.9459	14.31%
5	渝北区	332949.6549	12.64%
6	渝中区	201061.6236	7.63%
7	九龙坡区	170406.7132	6.47%
8	万州区	144962.7826	5.50%
9	南岸区	116424.9591	4.42%
10	沙坪坝区	102640.1	3.90%
11	长寿区	95250.561	3.62%
12	潼南区	63378	2.41%
13	巴南区	61778.15	2.35%
14	丰都县	61471	2.33%
15	荣昌区	58148.1	2.21%
16	大渡口区	53227.85714	2.02%
17	北碚区	52663.5342	2.00%
18	涪陵区	45395.66667	1.72%
19	璧山区	42912.6	1.63%
20	江津区	42701.6	1.62%
21	忠县	42640	1.62%
22	永川区	38457.167	1.46%
23	巫山县	38450.88	1.46%
24	合川区	32974.9	1.25%
25	垫江县	27772	1.05%
26	黔江区	24974.5	0.95%
27	綦江区	24852.1453	0.94%
28	铜梁区	23835.32847	0.90%

图 5.2.2 清洗后的数据

上传后，数据在编辑工具中的显示如图 5.2.3 所示。

图 5.2.3　上传后的数据

步骤三：进行图表设置，如图 5.2.4 所示。

图 5.2.4　图表设置

在这一步可以设置动画速度、动画类型、背景音乐等等，按需要进行选择即可。

为了展现数据新闻的逻辑并具备一定的艺术美感，在图表类型、颜色搭配方面都需要制作者具备良好的审美素养。例如，如何让读者更快速地获取图表信息，如何运用颜色渐变或者对比来吸引读者，以怎样的播放速度呈现更能提升阅读感受等等，都是制作者要考究的问题。

步骤四：导出动态数据图。

经过数据上传、数据编辑、图表设置后，就可以选择导出格式（一般选择 GIF 格式），将数据图保存至本地文件夹，如图 5.2.5 所示。

图 5.2.5　操作图

【案例剖析八】

"两会"会场黑科技：扫建筑看新闻

2018 年 1 月 26 日《四川日报》第七版发表《这些建议与提案议案同频》一稿，这篇稿子的奥妙之处在于不但可以读印刷在报纸上的内容，还可通过手机扫描二维码看到 2018 年四川省两会期间百姓关心什么话题、媒体聚焦哪些领域等信息。一组组酷炫的数据、图表，以最直观的形式对会议热词进行分析，使读者短短几十秒就能掌握四川省两会的热点走向。

另外，代表委员扫描会议所在地的建筑也可以看到相应的数据新闻。"反应速度快，信息量大，确实是大数据。"在金牛宾馆大礼堂外，省政协委员钟勇举起手机对准会场，一段科技感十足的数据分析动画随即出现在屏幕之中。"大数据＋黑科技"本身迅速成为四川省两会期间的热门话题，也引起国内多家媒体的关注。

　　该数据新闻的数据来自 356 家国内主流媒体对四川的报道和网友评论。媒体及网友最为关注的话题是"全面改革创新",曝光次数为 22222 次。此外,"四川脱贫攻坚"的曝光次数接近 2 万次。不少网友还在网络平台提出意见和建议,为四川打赢脱贫攻坚战出谋划策。

　　"媒介就是讯息""媒介是人体的延伸"。代表委员通过扫描会场建筑阅读与政协会议相关的数据新闻,不需要手握报纸,这便是对 AR 这一媒介优势的最佳诠释。

　　全维度的数据解析,让新闻更具价值。AR 技术的融入,则让新闻本身成为新闻。川报全媒体集群早在三年前就开始尝试运用这一技术。截至 2019 年 3 月,据不完全统计,国内已有二十余家党媒试水 AR 动态新闻。2019 年的植树节,《人民日报》联合《四川日报》《陕西日报》《广州日报》等 13 家省市党报,推出 AR 图片报道,形成了央媒和省市三级报纸相结合的树状传播矩阵。读者通过人民视频客户端的 AR 功能扫描 16 家报纸上的识别图片,即可以动态方式获知我国绿化事业取得的新成绩。AR 技术越来越多地被应用在新闻场景中。

　　尽管 AR 技术在媒介中的普及率越来越高,受众对 AR 的新鲜感意犹未尽,但是也不得不提出一些冷静的思考。AR 技术成本不低、制作周期不短,在日常新闻生产中还不能迅速推广应用。加之数据新闻也涉及数据爬取、清洗、可视化等复杂工序,"大数据＋AR"的应用范围不是非常广泛。另外需要面对的一个现实是适配问题。目前只有使用专门的 App 才能读取 AR 新闻,这也致使"大数据＋AR"模式的推广有一定难度。

　　期待在不远的将来,随着网络提速、技术升级、数据智能化的如约而至,"大数据＋AR"成为越来越普及的新闻形态,而媒介作为人体的延伸得到更多场景的印证。

（高敬）

第六讲

数据新闻经典案例赏析

【经典案例一】

界面新闻"数据线"团队用数据新闻形式追热点

数据新闻因需采集多维度数据、精准设计数据呈现方式等多项制作要求，存在沟通成本高、制作周期长等局限，尤其在追求新闻时效性时，此类短板尤为明显。但是界面新闻的数据栏目"数据线"在国内数据新闻领域可谓追踪热点的翘楚。本文将通过案例解析，来寻找界面新闻追踪热点的窍门所在。

窍门一：用好公开数据

2021年4月，"特斯拉车主维权事件"爆发后，界面新闻"数据线"栏目发布《我们分析了上百起特斯拉安全事故，看完再说买不买》。当时，"特斯拉车主维权事件"在网络上引起了巨大的舆论关注度，尤其是对特斯拉车主或正在观望的潜在消费者产生了一定冲击。特斯拉汽车的安全性到底如何？还能不能买？"数据线"正是紧扣当下受众心理，根据美国国家公路交通安全管理局网站及公开资料整理了2013年至今全球特斯拉汽车事故，探讨特斯拉汽车事故的时间、地点、原因、是否造成人员死亡、官方态度，满足受众的信息诉求。

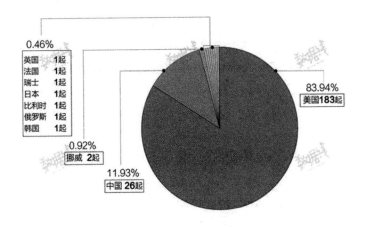

图 6.1.1　关于全球特斯拉事故发生地点的数据新闻截图

窍门二：策划系列报道

2021年5月11日，国家统计局公布了第七次全国人口普查数据。界面新闻"数据线"栏目在这一天连续发布了五条数据新闻，形成第七次全国人口普查数据系列报道。五篇报道由浅入深。第一篇《第七次全国人口普查关键数据全在这》重在抢"时效"，内容主要是将第七次全国人口普查数据以可视化形式呈现，方便受众一眼获取关键数据，而不是在文字中寻找数字。后续四篇报道《中国老年人口数量及占比，30年来是这样变化的》《中国总人口性别比，20年来是这样变化的》《1949年以来，中国人口增长率是这样变化的》《七普人口数据你关心的问题，官方回应全在这》，则需要记者整理30年来中国老年人口数量变化及20年来中国总人口性别比，以图表方式清晰呈现当前国内老龄化程度、性别结构优化、人口增长速度等。

图6.1.2 关于第七次全国人口普查系列的数据新闻截图

窍门三：小切口反映大场景

在重大报道节点，"数据线"栏目会精心策划选题，找寻新闻报道小切口。例如春节期间，"数据线"栏目从春节食品价格上涨、春节新消费趋势、"特殊"的春节政策、烟花爆竹禁限放、春运数据、春节电影、春节相亲等多角度对春节进行全方位数据画像。又如，临近"五一"，"数据线"栏目相继做了《"史上最热五一黄金周"，数十万家民宿待入住》《五一档票房预计超疫情前同期，12部新片哪部最值得看？》《最挤"五一"！机票量价齐涨、酒店一房难求，三亚继续火爆》等系列稿件。

　　据统计，2021年1月1日至5月18日，"数据线"栏目共计发布了114篇数据新闻，平均每个月20余篇，这在业内都是非常可观的更新速度；选题内容上至国际贸易，下至蒜苗涨价。"数据线"团队往往能够根据选题找到来自政府部门、权威机构的公开数据，数据具有说服力，与内容互为支撑，不仅热点追得快，而且数据来源广、权威度较高。

【经典案例二】

用数据看"两会"，新技术呈现新内容

　　每年的"两会"是各大主流媒体采用新技术创新报道形式的重要契机。近年来，"5G＋4K"全景高清直播、"VR＋AR"的"沉浸式"交互体验、AI虚拟主持人、MR运用等新技术层出不穷，成为"两会"报道中的亮点。

　　2019年两会期间，由中央广播电视总台中国国际电视台特别策划制作的 *Who Runs China*（《为人民》），是面向国际推出的以第十三届全国人民代表大会为主题，搭载在H5上的数据新闻。该报道对第十三届全国人大代表的相关信息进行了统计分析，利用粒子动画效果进行可视化呈现及分析，运用各种图表向受众呈现代表们的年龄分布、性别结构、民族情况、教育程度等信息。

　　在第十三届全国人大代表的2975名代表中，有2233位男性和742位女性，女性占比24.94％，与上届全国人大代表相比有所提升，这也证明了随着时代的发展，女性逐渐被重视并发挥着重要的影响力。从年龄层面分析，全国人大代表的平均年龄是53.77岁，其中"60后"是全国人大代表的主要群体，占总人数的一半。

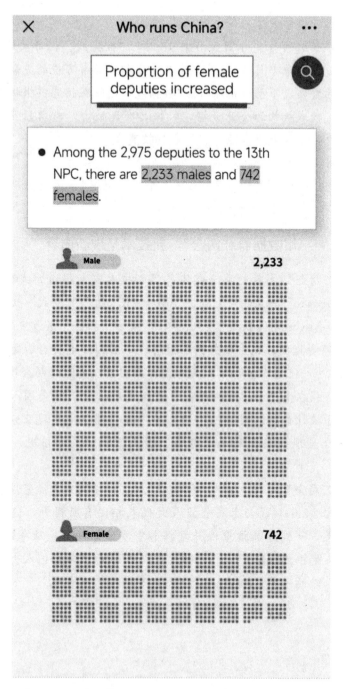

图 6.2.1　关于第十三届全国人大代表女性数量增加的
数据新闻截图

通过对全国人大代表的教育数据进行分析发现，88.5%的全国人大代表都持有学士学位或者更高的学位。在这群人中，拥有硕士学位的占大多数，达到836人；拥有博士学位的占比排第二，达到584人。同时，人大代表越年轻，拥有硕士和博士学位的人员比例越高。其中，在分析拥有最高学位的1777名代表时发现，有1165名代表的专业背景是文科专业，是理科专业的两倍，在这之中有122名代表接受过海外教育。

这篇数据新闻对外宣传了我国的两会代表来自人民，具有广泛的人民性及代表性，且随着时代的发展和教育的普及，人大代表的组成结构更趋于合理。同时，该新闻通过对全国人大代表信息的统计分析，使受众对"90后"和"女性"群体有了正面的认识。

该数据新闻的创新之处有二。首先，它巧妙运用了图形堆叠化，将每一位全国人大代表以圆点样式排列组合，用户只需将鼠标放在小圆点上，就能得知其姓名、性别、年龄、民族等信息。同时，图像堆叠能够将数据具象化、立体化、人性化，使普通受众能够通过图像的分散与聚集直观判断数量的多寡。其次，这篇数据新闻降低了严肃阅读的准入门槛。在以往，大篇幅的文字与数据，往往很难勾起普通受众的阅读兴趣，阅读完成率不高。而与静态图片、文字相比，动态化的H5数据新闻则能让受众的视觉体验更胜一筹，甚至产生眼前一亮的感觉。在 *Who Runs China* 之后，图形堆叠成为数据可视化经常采用的技术。

【经典案例三】

大众日报"数据说"——如何用数据讲故事

数据新闻作为一种新型新闻报道方式，尤其考验新闻行业从业者讲故事的能力。

大众日报数据新闻栏目"数据说"在前期对数据新闻产品的探索中，意识到一个问题，即一些真正发人深省的优秀数据新闻产品，都将数据分析和解读纳入更加具象的故事中，使数据成为其中天然的论据，或是通过数据分析和解读，来讲述和呈现故事。这样的数据新闻产品，既平衡了单纯数据分析的枯燥，又给故事表达增加了科学性和说服力，兼具感性与理性。

2022年9月，"数据说"在面对"耳朵经济"这一选题时，研究分析大量行业数据和分析文章后，萌生了用数据讲故事的念头。耳朵作为人类最重要的信息接收感官之一，与我们本就亲密十足，为什么不用故事体现这种亲密感呢？这也是数据新闻视频《一只耳的自述》的发端。

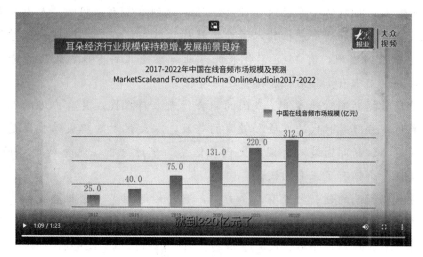

图 6.3.1 关于《一只耳的自述》的数据新闻截图

与传统报道常用的典型叙事不同，数据新闻的报道多基于数据所携带的"密码"展开，而不同数据的相关性或因果关系链接，可能会提供完全不同的观点和见解，这决定了故事的起点。与"耳朵经济"相关的数据非常多，并且联结复杂，该如何选择？作品决定从最基本的数据维度建构故事，即"耳朵经济"是什么。完成这一步，实际上就完成了"在数据中查找故事"的步骤。

下一步，是确定故事将传达给谁，即考虑我们的受众。人人都有耳朵，人人都用耳朵。从这个角度来说，这个故事面向所有人。但结合实际情况，这一选题大概率在年轻群体中更受欢迎，所以这篇作品选择将其拟人化，用第一人称和更为轻量化的讲述方式，也更符合年轻受众的"口味"。

讲述对象和方式一旦确定，故事的组成部分随之确定。就《一只耳的自述》而言，和人的自述一样，耳朵首先阐明的，一定是"姓甚名谁""家住哪里""芳龄几何""伙伴几许"，而这些要素均来自"耳朵经济"的行业规模、受众人群、类型方式、收听喜好、收听时段等数据维度。

图 6.3.2　关于 2017—2022 年中国在线音频市场规模及预测的数据新闻截图

至此，一个数据故事基本建构起来，接下来就要借助可视化手段将故事呈现出来。基于《一只耳的自述》的故事讲述模式，视频编辑决定将数据可视化与 MG 动画进行有机融合，通过视觉与听觉的配合，内容和形式上都映射"耳朵"的真实存在状态。

MG 动画具有节奏感强、制作周期短及灵活性高的特点，与新闻制作有较高的契合点。所以在视频的前半部分，着重使用了动画效果，因为脚本已经将数据与叙事语言融合在一起，不必再做额外的数据可视化。而后半部分，因为涉及一个长时间序列的变化情况，合适的图表就非常重要。

声入耳，画入目，视频的受众在不自觉间成为故事的参与者，跟随"情节"发展感受故事的表达与内涵，形成一种"沉浸式"体验，数据故事因此也能达到每位创作者都期望的那样——拥有"入眼、入脑、入心"的传播效果。